自然神諭占卜卡

MESSAGES FROM
THE SPIRITS OF NATURE ORACLE

史蒂芬・法默博士 著　◆　史考特・布雷登塔爾 繪　◆　李曼瑋 譯

Dr. Steven D. Farmer　　　　　Scott Breidenthal

獻給我們所有的親人與
帕查瑪瑪，眾人的母親

⋯⋯ CONTENTS ⋯⋯

引言

「不只是大地被破壞了，更重要的，
是我們與土地的關係也斷裂了。」
——美國環境與森林生物學教授　羅賓·沃爾·金默勒
（Robin Wall Kimmerer）

　　在地球上持續發生的變化中，許多人正在挖掘我們與自然世界之間的深邃記憶，並且更加深入地意識到，在錯綜複雜的生命網絡中，我們與萬物皆有密切的關聯。隨著這類認知的覺醒，人們越來越渴望重新認識與我們共享這個世界的各種生物與靈，聽聽祂們彼此在交流什麼，找出尊重祂們、讓祂們教導與引領我們的方法，這便是《自然神諭占卜卡》要傳遞的訊息。

　　靈（Spirit）在自然界中以物質存在的方式顯現，便是**自然靈**（Nature Spirit）。雖然**自然靈**常被描繪成擬人化的形象，像是妖精、天神、矮靈等，不過，在此我們採取的，是比較不需要媒介便能與自然界特定元素的靈建立聯繫的方式。《自然神諭占卜卡》的目的，即是鼓勵持卡者直接獲得啟示，讓你不用透過中間的媒介就能接受訊息。

　　當然，最直接的方式就是在大自然中進行這些溝通——就算在家門外也行，外面的天地廣闊，有許多方式可讓你練習接收啟示。不過透過本書，你將發現一個相對簡單的方法，你會明白與**自然靈**交流是多麼有益處、並且有意義的一件事。在人生的道路上，**自然靈**將一路引領你前行；牌卡與祂們帶來的訊息就像是一座橋樑，引領你去接收**靈**的訊息。而隨著自身持續地練習，你就能應用自己所學，直接與**自然靈**接觸與連結。

自然靈 vs. 動物守護靈

　　守護靈這個詞也可以視為「輔助靈」或「守護神」，指的是人生中給予我們正向協助的靈體，包括祖先、大天使、已故高僧、**動物靈**，當然也包括**自然靈**。雖然這些存在都是**靈**的展現，但是**動物靈**與**自然靈**在第三維度的物質世界裡，都有其物理樣貌，代表著物質世界的自然元素與種類繁多的動物。

　　我們可以召喚**守護靈**，尋求祂們給予指引、保護、療癒、鼓勵、啟發等協助。有些**守護靈**自小就陪伴著我們，有些則出現在生命的不同階段，幫助我們渡過艱難的人生轉折。我們或許能夠看見、聽見、感應到祂們，或只是知道祂們陪伴在身旁。不論我們有沒有意識到祂們的存在，人的一生中可以擁有很多**守護靈**。

　　對於那些以動物形式教導、指引、賦予我們力量並幫助我們療癒自己的動物靈，我們稱之為**動物守護靈**或是**靈性動物**。嚴格來說，祂們屬於**自然靈**的一部份，但仍有屬於自身的類別。一般而言，倘若某個動物在短時間內以不尋常的方式重複出現在你的物質世界中，不論是實體的動物還是該動物的象徵，這都意味著祂們以**動物守護靈**的形式，把訊息帶到你面前。

＊ ＊ ＊

　　作為一名薩滿師、靈魂療癒者、心理治療師以及暢銷書作者，在接收各種自然靈訊息這件事情上，我擁有超過四十年的練習與研究以及無數相關的個人經驗，我也因此深深體會到，重新與自然世界建立連結是多麼重要的一件事。我也因而意識到，**靈**不只會「透過」世間萬物來傳達，更會以「成為」世間

萬物本身來展現自身……**靈**不只是自然界一切物質的存在，更是這些存在的本質。許多讀者在我之前的創作中獲得不少啟發，包括《靈性動物完全指南》（一葦文思出版）、《力量動物神諭卡》（*Power Animal Oracle Cards*，暫譯）、《大地魔力神諭卡》（*Earth Magic Oracle Cards*，暫譯）。今天，我受到召喚，要與**靈**一起共同創作這款牌卡，讓你們得以從更多面向感受與自然界溝通及交流的魔力。

原住民與土地，以及棲息在土地上的所有生物，皆有著親密且高度尊重的關係，並且深知人類與萬物相連、世界隨時隨地都在與我們交流。許多文化信仰系統也理所當然地認為，我們能夠與**自然靈**溝通；同時，我們也更加意識到，自己能夠從**自然靈**身上獲得強大的指引。此時此刻，一切便取決於我們現代人，是否願意運用身體和精神上的感官，讓自己成為更好的聆聽者。

社會上有越來越多人開始對薩滿儀式產生濃厚的興趣，而這也是在鼓勵我們進行意識的轉變。在過去，我們的祖先早已習慣聆聽自然的訊息並接受它的引導，現在，我們便處在復興這些實踐的時代。《自然神諭占卜卡》的目的，便是鼓勵我們去關照並珍惜人與自然萬物之間深厚的關係。

請加入我的旅程，和我一起認識與我們共享這顆星球的萬物。讓我們一起了解祂們的多樣與多變，進而在我們面對生命中的各種大小挑戰時，看看祂們能為我們提供多大的幫助。

* * *

作者註：我將一些特定名稱以大寫表示（中文以粗體標示），如**自然靈**、**動物守護靈**等，用以表示**靈**在物質世界的顯示，這種區分方式也讓我們能夠更簡單地從這顆星球的萬物身上，接

收**靈**的訊息。

　　請注意，當我指稱的是**靈**在自然中的特定表述，我一樣會用大寫表示（中文以粗體標示），如「**橡樹**」、「**玫瑰**」，然而，如果只是一般的物質存在，便會以小寫表示（中文以正常文字形式），如「橡樹」。

　　在各種自然靈的指稱中，為避免「他」或「她」造成混淆，而一律採用「祂」（it）。

牌卡使用說明

「沉思著大地之美的人，會發現與生命一樣長存的力量。」
——美國海洋生物學家　瑞秋·卡森（Rachel Carson）

　　這套《自然神諭占卜卡》的概念，源自於古老時期人們接收訊息的方式，用以接收靈的引導、辨別關係或情境的真偽，以及預測未來。牌卡包含了自然界中四十四種自然元素及其**自然靈**所代表的訊息，其中有常見的自然四元素，地球（土）、空氣（風）、水、火，以及我藉由冥想與薩滿旅程所接收到的其他四十種自然元素，也將祂們一併收錄到這套牌卡中。

　　一旦開始使用這套牌卡，你便與牌卡上所代表的**自然靈**在進行互動。祂們會刺激你的直覺，為你的（或是提問者的）問題與關心的事情提供協助與引導。

　　每張卡片上都有該自然元素的名稱、主要訊息的關鍵字、該元素的圖案。在使用手冊中，每張卡片都會有該元素在自然界的描述，不過你可以跳過那個部分，直接進入元素本身所代表的訊息，這些內容即是我直接從**自然靈**身上所獲得的。

　　使用《自然神諭占卜卡》時，首先，凝視你所抽出牌卡上的元素，對圖案與關鍵字進行冥想。過程中，注意腦海中直接出現的各種印象——你所看見、聽到、感受到的一切，不論是內在還是外在（類似於你在大自然中跟**自然靈**溝通的方式）。等到你運用內在智慧反覆思量**自然靈**的訊息之後，可以再來參考使明手冊的說明，以獲得更多啟發。

　　無論是新手還是具經驗的解讀者，你都會發現這套牌卡相當容易上手。它們會引導你，藉由啟發你內在的覺知（通常是

一種與卡片訊息產生共鳴的感覺），引導你對自己與他人進行正確的解讀。它們會讓你對原本被埋沒的想法、感覺、信念擁有全新的認知，讓你一窺人際關係、事業、財務、健康和其他領域的可能方向。此外，這些見解還能夠幫助你轉化自己的思想與信念，讓你能做出更符合靈魂目的的選擇。

進行解讀之前
請先將牌卡準備好

在你拿到牌卡之前，已經有許多人的能量觸碰過這套牌卡了，所以第一次打開卡片時，要先進行淨化。以下步驟能讓牌卡不受超自然物質或不潔之物所沾染：

1. 拿起整副卡片，一張一張翻開。這個過程能讓卡片吸收你個人的能量，你得以認識每張卡片，它們也能夠開始認識你。
2. 把整副牌拿起來放在心窩，將牌卡的正面朝向你。
3. 不論你是坐著還是站著，都確保雙腳著地。將雙眼閉上，進行三次緩慢而深沉的呼吸。
4. 念誦祝禱，感謝**自然靈**幫助你清楚解讀每張牌卡的意義，使其準確、具體、有療癒力，對所有相關人事充滿祝福。
5. 再進行一次深呼吸，專注精神，然後輕輕、慢慢地將你的祝禱吹向這副牌卡。

雖然你不需要在每次解讀之前都進行這些步驟，但是要知道，你越常使用神諭卡，你的生命能量就越加滲透進牌卡之中。此外，當別人使用你的牌卡時，也會在無意間把自己的能量融入牌卡中，所以，每當你的解讀開始變得模糊不清，或者

有其他人使用過你的牌卡，以及任何你覺得有需要的時候，都可以進行上述步驟再次淨化你的《自然神諭占卜卡》。淨化的過程中，牌卡本身便再次受到你自身能量的強化，讓你可以再度進行正確且可靠的解讀。

如何保存你的牌卡

牌卡本身是很敏感的工具，請將它們妥善保存，使其不會輕易地吸收到其他能量。你可以將牌卡放在絨布或皮質的袋子、木盒裡，或是其他特別的容器中。

你也可以將牌卡放在你個人的聖壇上，讓其接收與給予聖壇上充滿祝福及療癒的能量；你還可以放一顆小型的水晶在牌卡上，定期給予感謝的祝禱。水晶能夠增強接收到的任何能量，所以，經由祝禱表達你的感謝之意，能夠大幅增強牌卡的力量。

如果你願意的話，還可以將你熟悉的**靈性動物**放在牌卡上，並召喚該**靈性動物**，請求祂的保護，讓牌卡免受其他能量的侵害。

如何進行《自然神諭占卜卡》的解讀

你需要運用直覺來使用《自然神諭占卜卡》，所以，當你為自己或他人進行解讀時，請留意自己看到牌卡第一時間的想法、心裡看見的影像、身體的感覺以及情緒感受。雖然每張牌卡都有特定的主題，但是牌卡的意義會隨著情境變化而有所轉變。請仔細聆聽自己身體的聲音，因為你的身體就是了解牌卡能量的最佳來源。當你學會在每個牌陣的過程中仔細傾聽自己

的直覺與身體反應，你會發現自己所得到的大量資訊，早已遠超過牌卡或使用手冊上的內容。所以，請放輕鬆、好好享受解讀牌卡的過程，信任自己獲得的資訊，而不是懷疑自己是否在編造內容、還是犯了什麼錯誤，你所抽出的牌卡，永遠都會準確地反映當下的情境。

　　如果你不明白牌卡與問題之間的關聯，你可以請教**自然靈**給予你更多訊息。你也可以閱讀使用手冊所述的內容，只要你越常使用牌卡，你就能越熟悉祂們的意義。藉由呼吸、正念、禱告、冥想，以及／或大笑，讓自己保持放鬆與理智，才能更輕鬆地去辨別牌卡在當下所要表達的涵義。

　　牌卡淨化完成之後，如果有需要的話，請依照以下步驟為自己或他人進行一次牌卡解讀：

1. 讓自己處在中心位置，確保雙腳著地，並且進行幾次緩慢而深沉的呼吸。

2. 一面洗牌、一面想著你的提問（如果你是為別人進行解讀，請先詢問對方的問題，然後在洗牌的過程中想著這個問題，如果對方不希望讓你知道問題的內容，便請對方在你洗牌的時候自己在心中默想提問，並試著用直覺去感受它的能量）。問題本身可以很直接、也可以比較開放，例如：「我現在需要知道的事情是什麼？」，或是「你有什麼訊息要傳遞給我？」，並召喚**靈**或是你的其中一位**守護靈**來協助你清楚地接收答案。

3. 洗牌的過程中，選擇你要使用的牌陣。你可以選擇下面提供的牌陣或是自己開發的牌陣，可能會有一種牌陣是你最喜歡的。你也可能會在進行特定解讀的時候，直覺地知道要使用哪個牌陣。

4. 注視著你要解讀的牌卡，看看會出現哪些直覺印象。你也可以召喚牌卡上的**自然靈**，並向其轉達你的問題。不論利用何種方式，請仔細關注第一個出現的事物，在你抽出牌卡時，特別注意身體當下的反應。訊息可能會以感覺、影像、內在聲音，或只是一種意會的方式出現。

   影像或關鍵字能為你的問題提供啟發或答案，而在注視牌卡的過程中，你也可能在內心看見其他的影像。在解讀過程中，任何出現在你面前的畫面、想法、感受或話語，都能為你的解讀提供更多的見解。

5. 聆聽完直覺與**自然靈**給你的回應之後，你可以選擇參考使用手冊上的訊息。

   跳牌：在解讀的過程中，如果有一、兩張牌卡在你洗牌的時候「跳」了出來，請特別留意，並且把它們正面朝上放在你的牌陣旁。這些牌卡有點像是王牌的概念，針對你的解讀能提供額外的資訊，所以，請把它們的訊息也列入解讀的考量之中。當然，如果是掉了一大半的牌卡，那就要請你在洗牌時再小心一點囉！

   逆位牌：在一些神諭卡或塔羅牌中，牌卡正位或逆位的方向會造成解讀意義的不同，不過，這副牌卡並沒有賦予逆位牌任何特殊意義。然而，如果你擁有解讀逆位牌的豐富經驗，或者是直覺上對牌卡的方向很有感覺，你亦可把逆位的意義放入這次的解讀裡。

   為別人進行解讀時出現令人困惑的訊息：如果你正在為別人進行解讀，而牌卡卻沒有直接回應提問的內容，你可以詢問對方內心是否有其他潛在的問題。通常，牌卡會回應這些潛在的疑惑或擔憂，而不是表面所提出的問題。舉例來說，有人雖

然是詢問自己的愛情生活，但真正關心的其實是自己的財務安全，而牌卡會在各種問題之中聚焦最根本的核心問題。

與別人有關的訊息：你正在為別人進行解讀的時候，心中可能會有所疑惑，覺得這次的解讀是不是跟自己有關？因為所討論的內容聽起來可能也很像是你自己的問題。很多時候，解讀中所揭示的訊息會與你及對方都有關係，不過，儘管內容可能會反應你自身當下的情境，你所獲得的資訊仍舊是準確的。

遠端解讀：進行遠端解讀的時候，你所使用的方式與上述一致，你可以透過電話、視訊、電子郵件、實體信件，或者是直接調頻到對方身上來進行解讀，你並不需要在對方身旁，才能確保解讀的準確度。

神諭卡牌陣

　　以下列舉一些牌陣供你選擇，你可以用這些牌陣進行不同解讀的實驗、研究不同牌陣適合的問題，或者開發屬於自己的牌陣。無論如何，請一定要聆聽自己的直覺。

單卡解讀

　　你可以採取不同的方法來進行單卡解讀：

- **抽出單卡**：在一天開始的時候，抽出一張牌卡，看看上面的哪些訊息讓你很有共鳴。花點時間思考牌卡的涵義，然後在這一天當中，注意牌卡訊息跟當天的哪些經驗有關，你可以在一天結束的時候，將相關的內容記錄下來。

- **意義深思**：帶著神諭卡一起走入大自然，在你覺得適合的地方，抽出一張卡，並認真思考那張牌卡的意義。

- **單卡冥想**：抽出一張卡，並與牌卡上的**自然靈**一起進行下述冥想：

　　停下你所做的事，閉上雙眼，進行七次深沉、舒適的深呼吸。呼氣時，釋放所有壓力，然後想像牌卡上的自然元素就在你面前。

請注意代表靈的自然元素所帶給你的感受與情緒，吸氣的時候，將此元素深深吸入體內，讓其流淌在你的身體之中、自然而順暢地流過你的身體與你的存在。

　　再一次深呼吸，感受自己對此元素的愛意，並屏住呼吸片刻。接著，帶著對自然的愛，將其呼出、還給世界。

　　重複上述步驟數次，並關注自己做完之後的感受。

三卡牌陣：景象牌陣

對於回應問題或所關心之事，景象牌陣能聚焦最關鍵的因素，並為解讀提供較為廣闊的畫面。

三卡牌陣：時間軸牌陣

你能通過時間軸牌陣，了解到影響目前情況的原因，以及未來可能發展的結果。

- **牌 1**：過去
- **牌 2**：現在
- **牌 3**：未來

關係牌陣

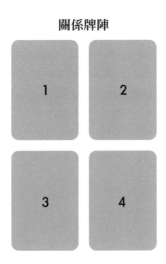

關係牌陣讓你一窺你與他人的關係狀態，例如老闆、員工、朋友、情人、親戚。

- **牌 1**：你對這段關係的貢獻
- **牌 2**：代表對方，以及他／她對這段關係的貢獻
- **牌 3**：牌 1 與牌 2 的能量聚集在一起的方式
- **牌 4**：這段關係的樣貌與涵義

十字牌陣

十字牌陣可為特定的問題進行解答、指引方向。

- **牌 1**：問題
- **牌 2**：你未注意到的潛意識影響
- **牌 3**：你已注意到的外在影響
- **牌 4**：解決問題所需事項
- **牌 5**：解答

牌卡的通用意義

「貼近自然的中心……偶爾離開一下，
去爬山或是在森林裡待上一週，洗淨自己的靈魂……」
—— 美國早期環保運動領袖　約翰·繆爾（John Muir）

　　本使用手冊的內容，將額外提供你牌卡的通用意義。這裡特別用「通用意義」來表示，是因為在你每次進行解讀的時候，牌卡的意義都會隨著問題的脈絡而有所變化。

　　在參考使用手冊的內容之前，請先依據你最直接的啟示：你的直覺，才會與**自然靈**的訊息一致。你獲得的訊息可能會放大這裡所寫的內容，或與之有所出入，所以，請先相信直覺所告訴你的內容。

　　每篇說明的最上方是自然元素的名稱，下方直接顯示該元素的關鍵字，倘若解讀的訊息與你的直覺相符一致，圖像與主題就能為你提供更多靈感。說明下方的敘述資訊與內容能夠支持與補充你的想法，讓你在使用《自然神諭占卜卡》的過程中，不只是「感覺」而已。

　　接下來，好好享受吧！

1
山
動機　INTENTION

　　從遠處凝視山脈可能會讓你有種喘不過氣的感覺，不過，那種視角只是在暗示你，站在山頂上看到的景色將會有多麼雄偉。有些人會把攻頂當成目標，不論是去附近的小山健行，還是攀登較為危險的高海拔山脈，如聖母峰，而行程所需的準備則會視目標的難度而定。但不管目標為何，一切都從兩件事開始：靈感與動機。

　　光是望著一座山就能讓你獲得靈感、設下目標。在你清楚自己的動機之後，你便要開始制訂計畫，最後，採取一切必要的行動來達成你的目標。此外，**山之靈**能夠激勵你跨出自己的舒適圈，邀請你盡情去冒險、開拓自我，做一些你不相信自己辦得到的事。

訊息

　　你立下了一個特定的目標，並且很清楚這是**靈**對你的召喚，而且這也與你的靈魂目的相符。許多跡象都使你確信這是正確的方向，但是你的內心卻有所遲疑。你知道目標很重要，可是追求目標的過程，卻喚起了害怕失敗的恐懼與焦慮，你甚至試圖去合理化放棄追求這件事。然而，內在的聲音不斷地提醒、告訴你，真心誠意地達成自己的目標，是一件多麼重要的事。

　　人們常說，重要的是過程而不是最終的結果，這句話在你此刻的情況可說是無比正確。你要將自己的雙眼、雙耳，尤其是你的心，全部都放在這個目標之上，專注於你要實現它的動機。自我（ego）會告訴你這個動機並不重要、不值得你這麼麻煩，這時候，請不要理會。記得，自我（ego）的工作就是讓你保持安全、忽略內心真正的聲音。請專注在目標上，並尊重自己想要享受過程中每個時刻的想法，倘若懷疑與猶豫又悄悄來襲，請提醒自己，你正在做的事是**靈**對你的呼喚、是**靈**在支持你去完成你的靈魂目的。

2
太陽
信念 FAITH

　　如果沒有太陽的光與熱，地球只會是一顆被冰覆蓋、毫無生氣的巨大岩石。太陽溫暖了大海，啟動了氣候循環，為植物與樹木提供光與能量，進而提供食物與氧氣以維持地球上的生命。我們的祖先在很久以前就知道太陽的重要性，誠心地崇拜著太陽。在日蝕期間，他們害怕太陽就此消失；等到太陽重現，內心也鬆了一口氣！他們深知太陽是支持生命最重要的元素，所以進行了很多儀式，以確保自己能夠依靠與預測太陽。他們也會在不同的季節進行許多與太陽有關的祈福典禮，像是春分、秋分、夏至、冬至的慶典。他們用這些方式榮耀太陽，以確保太陽能一直存在，就算夜晚休息，也只是為了隔天再次照耀大地而做準備。先人們對太陽擁有無可動搖的信念，相信

祂每天都會持續地運行，並且毫不懷疑地指望著祂永恆如常。

訊息

你發現那些生活中正在發生的事件，似乎很隨機而且莫名其妙，你想要讓事情按照計畫發展，卻只會導致越來越深的挫敗與焦慮。你看見自己充滿懷疑與不確定，對於人生的未來與方向充滿警惕，內心惶惶不安。你不敢放下掌控、接受現狀，也害怕依循**靈**給你的訊息去做決定，不論祂們以何種形式出現。然而，你必須去做能夠重拾信念的事情，讓自己確信**靈**的指引永遠都在。

你最重要、也最應保持的信念，就是相信生命知道自己的出路，不論眼前的選項你同意與否。在這廣闊的宇宙之中，我們只停留非常短暫的時間，不管你認不認同，一切都會按照應有的方式發生。不論生命中發生了什麼，太陽總是不可避免地再次升起。然而，就像先人在焦慮中等待日蝕結束，你可能也會發現自己處於困惑之中。

你可以默觀、祈禱、冥想、向他人尋求協助，或者漫步在大自然中，然後完全吸收太陽元素以及**太陽之靈**所提供的所有養分。找一個安靜的地方去觀賞日出或日落，讓自己明白，就算太陽暫時被雲朵擋住光芒，祂永遠都會在那裡。請堅定自己的信念！

3
月亮
循環 CYCLES

　　月亮就像是慈祥的奶奶，夜晚中，就算我們看不見祂，也知道祂依舊在看顧著我們。在月亮清晰可見的夜晚，祂就是點亮黑暗的光。滿月預示著即將到來的黑暗，黑暗潛伏在一旁，穩定而無情地一步步佔據光亮，直到主導一切，讓滿月變成新月。這樣的循環已持續了數十億年。

　　這種從黑暗到光明再到黑暗的相互作用，完美地隱喻了我們一生中不斷發生的循環：死亡／重生／死亡。生命中有各種黑暗與光明的時期，來回起伏，直到身體死亡的最終黑暗降臨，最後進入來世的重生。在這之間，有無數個循環中的循環，有些時期相當切合死亡與重生的主題，而**月亮祖母**的存在，便是一種鮮明且不變的提醒，讓我們知道這些循環只是生

命中自然的一部分。

訊息

在未來的幾個月，寫下紀錄月亮週期與每天心情的日記，並注意自己面對滿月與新月以及過渡時期的心情變化。

在新月的時候，宣布你接下來幾週的計畫，讓醞釀中的事情順利誕生。仔細傾聽內在的指引，使其支持你想要完成的目標。到戶外走走、看看星星，不論你能否看見**月亮祖母**，都知道祂就在你身旁。相反地，如果你處在滿月之際，請讓自己歡欣喜悅，現在是屬於完成、結束的時刻。放下任何在身體、情緒、或關係上你已執著太久的事物，拋下那些一直困擾著你的不安情緒，原諒自己違反任何內心設下的道德原則，釋放任何或一切你潛藏在身上的羞愧感。最後，感謝**月亮祖母**協助你執行與完成這些行動。

4
水
命脈 LIFEBLOOD

　　水是四大主要元素之一，沒有生命能離開水，水是生命不可或缺的元素。水有各種可見與不可見的形式，從**海洋祖母**的概念到身體裡的血液，這些全都是水。水能潤滑關節、幫助消化、調節體溫、幫助大腦運作與排出廢物。對於地球來說，水的角色很複雜，水與土、空氣、火這些主要元素彼此合作，能夠調節與平衡地球的生態系統。

　　數千年以來，水在各種文化中一直是儀式與宗教祭祀的核心。在儀式上，水彰顯了生命的神聖價值；在靈性層面上，水用於淨化、保護與療癒。人們太容易把水的存在視為理所當然，因此，一直要遇上缺水的時候，人們才會發現水的重要性。此時，水會啟動當事者的求生本能，逼迫所有的生物立刻

去尋找水。水就是這顆星球與萬物的命脈。

訊息

　　請暫停片刻，安靜地思考水是如何神奇地流過全身、如何用各種不同的方式滋潤且滋養著你的身體。水在地球上自然地循環，這對於所有生物與**大地母親**而言，是多麼地重要。在自己的身體活動或生活軌跡上，你是否少了那種自然的流動感？身上是否壓抑了很多不被承認與釋放的情緒？換句話說，當你的身體在運作、被要求去抑制感覺的時候，你整個人就會呈現阻塞與束縛的狀態。你也注意到這樣的狀況對日常活動所產生的影響，發現自己執行工作的時候變得很僵硬，少了輕鬆與自在的感覺。

　　請認真地喝水來滋養身體與靈魂，水能提醒你生命命脈的重要性，讓你知道保持情緒潤滑的必要性。睡醒後、喝下第一杯水之前，你可以先倒一些水在大地上，表達自身對**大地母親**的感謝。你可以讓自己整天的活動都稍微慢一點、優雅一點，提醒自己水無處不在、水是健康不可或缺的元素，因此，水理應被視為一個神聖的饋贈。給自己一個機會，允許自己去表達那些想要消除或掩蓋起來的情緒，讓悲傷的眼淚流下，喜悅的淚水才能隨之而來。

5
水晶石英
專注力 FOCUS

　　石英是地球上數量第二多的礦石，而水晶則是石英家族裡著名的一員。儘管石英有很多種類，水晶卻是其中能量最強的一種，數千年來，許多文化都相當重視水晶，而最純淨的水晶則會呈現堅硬、無色、透明的狀態。

　　水晶擁有許多能量屬性，它能夠放大能量，可以做為一種管道，在身體、心理、情緒、靈性各個層面，去平衡、療癒、恢復你全身的元氣。水晶同時也能強化免疫系統、提高精神能力、幫助集中注意力。使用水晶的時候，一定要清楚自身的目的，因為不管你關注的內容是什麼，它都會被加倍放大。水晶本身就會吸收、儲存，然後釋放出十倍的能量。

訊息

　　你被責任以及對於未來的憂慮壓得喘不過氣，覺得自己支離破碎，因此，你的緊張與壓力指數非常高。每天早上起床時，你都會對當天即將發生的事情感到十分憂慮。你的注意力和能量在最近都變得相當分散，所有待辦事項都好像變成了必須立刻完成的優先事務，因此，你很難好好地完成一件令自己滿意的事情。

　　首先，你要清楚並專注於自己的優先順序，以此來磨練你分散的能量。在入睡前，養成先列出隔天待辦事情的習慣，然後條列清單，以便確定首要完成之事，並記下要為此進行的事項。然後，讓自己的每一天都從冥想開始，專注自己的呼吸。你可以在身前放一顆水晶、也可以想像有著一顆水晶，然後大聲地把你當天要達成的目的說出來，並相信水晶能夠放大你的動機，助你重拾平衡、提高專注力（你也可以從這副牌卡或其他神諭卡中抽出一張牌卡）。每天進行這些練習，直到獲得內心的平靜與清明。

6
火
強度 INTENSITY

　　火是地球四大元素之一，數十億年來，火在地球的故事中一直都佔有很重要的一部分；過去如此，我們離開這個世界之後的未來，也將是如此。火不論大小都帶有強度，並且控制著我們。我們懼怕火，卻又尋求火的溫度。我們用內心之火（fire in the heart）來描述熱情，腹中之火（fire in the belly）代表對行動的渴望，而腦中之火（fire in the head）則表示熱切的志向。火是四大元素中最有動力的元素，因其巨大的力量，在所有迭代中都獲得絕對的尊敬。

　　火本無好壞之分，就像其他元素一樣，火就是火。火能夠刺激生長，幫助維持許多生態環境的平衡。火在寒天時能用於取暖、在黑暗中帶來光明、可用於烹煮食物，更是數千年神聖

儀式中不可或缺的一部份。然而另一方面，火也能摧毀生命與資源、污染大氣層、毒害水源。火會燒毀森林，卻也在過程中為新生開創出坦途。火既不是朋友也不是敵人，火因其偉大的力量而獲得所有人的尊敬。不管你認為自己跟火的關係為何，你都無法否認火的強度。

訊息

生活中的一切似乎都進展地相當順利，沒有太多干擾或衝突。擁有這種和平與穩定的生活，你的交換將使生命失去了火花，讓生活中缺少刺激、熱情的事情。你堅持這種安全的例行常規、活在相對可預期的平淡日常之中，讓自己缺乏能夠激發行動、熱情與創意的強度。

在你生命中的這個階段，去冒險和開拓自我是相當重要的，你必須去從事能夠激發興奮情緒與熱情的活動。你的身體與心靈，或許已經習慣把強度視為緊張與動盪，但是不管你現在處於什麼年紀，都該聽從內心的熱情，去追隨想要創作的衝勁！有哪些活動是你一直想做、卻因為害怕影響穩定且舒適的生活而裹足不前？生命很短暫，點燃你腹中與心中的那道火焰，放下那些因過往經驗而阻礙你點亮內心之火的恐懼！

7
火山
釋放 RELEASE

　　地表有百分之八十以上都是火山活動造成的結果。從**大地母親**身上傾瀉而出的熔岩創造了大陸塊，噴發的氣體產生了最初的大氣層，釋放出的水蒸氣凝結後形成海洋。火山就像一個通風孔，藉由猛烈的爆炸或緩慢傾洩而出的岩漿，釋放出星球核心的高溫。火山灰富含礦物質，對植物很有幫助，能夠快速分解而被土壤吸收。

　　儘管火山帶有這些具生態目的的行為，但就像其他自然力量一樣，火山也具有高度的破壞性。火山能引發海嘯、山洪、地震、土石流與落石。然而，從宏觀的角度來說，火山釋放能量的時候，不論是猛爆式還是漸進式，都是在促進地球的持續進化與重組。

訊息

你一直在壓抑自己的情緒,這已造成內心很大的動盪。有時候你會想要爆發出來,但又因為害怕失控、害怕對他人或自己造成傷害而隱忍下來。你的童年經驗讓你相信,隱瞞自己的感覺是比較安全的作法,而且你會在某個時間點,向自己發誓永遠不會發脾氣。儘管偶爾會有小爆發,你也算完好地遵守了這個承諾。然而,壓抑自己感覺的決定不只淡化了你氣憤的情緒,也淡化了包括悲傷、恐懼、哀悼,以及喜悅等其他情緒。

不論你的情緒是什麼,與其把它們壓抑下來,還不如在情緒更加激烈的時候,學著去安全地釋放與表達這個情緒。讓眼淚從臉頰落下、用話語表達你的憤怒、允許自己捧腹大笑。去體驗性高潮,依靠伴侶或自己來都可以,好好享受爆發後釋放出來的快感。把你的感覺與值得信任的朋友分享,專心聆聽別人如何用健康的方式表達他們的感受,並且向他們學習。你也可以養成寫筆記的習慣,寫下所有你想釋放的情緒。壓抑自己的情緒不只會升高自己的壓力,更可能造成身體上的疾病。漸進式地釋放情緒,能幫助你宣洩情緒的水蒸氣,讓你從壓力中解放出來。

8
地球
家 HOME

在一個難以想像的廣闊宇宙中，這塊大岩石已經環繞稱為太陽的黃矮星（yellow dwarf star）超過四十五億年。在這段期間，地球經歷了許多時期，包括至少五次的生物大滅絕，許多存在的生命形式都消失了。然而，**生命**依舊會以嶄新的不同形式，在地球上繁衍、再生。

大約兩百萬年前，稱為智人的第一批人類在非洲出現，最終進化成現代人類。雖然科學解釋了這些事件發生的方式，但是這顆星球存在的事實，更不用說在其存在期間成為眾多物種的家園的這件事，絕對見證了**大地母親**對萬物的慷慨與神蹟。

儘管我們對宇宙充滿敬畏，而且也登上了月球、環繞地球，但是，當我們的雙腳踏在大地上的時候，我們便收到了一

種強而有力的提醒，讓我們知道家的樣子、知道活在**大地母親**所形成的身體裡是怎樣的感受。

訊息

　　你覺得自己與身體脫節，與真正的家、腳下的地球（土地）失去連結。把頭埋進雲裡（head in the clouds）那種「心不在焉」、「不切實際」的狀態，很適合用來形容你最近的感覺。處在這種狀態的時候，你會有一種失落、疏離、破碎、分裂的感覺，雖然你有很多方式可以彌補這種不踏實感，但那都只是暫時的，甚至只是讓你在現實中麻痺自己而已。你可以有很多方式去重新喚醒自己身體與地球(土地)的關係：跳舞、坐在地上、光腳走在土地上、做瑜伽、打太極、觸碰你愛的人、做愛……等等。在進行這些活動或其他你能想到的活動時，請記得讓自己的呼吸變得深沉而緩慢，向大地之母蓋婭表達你真摯的謝意，感謝祂提供你一個家，以及祂贈與你的禮物、也就是你最直接的家——身體。

　　將玉米粉、鼠尾草、菸草獻給**大地母親**，在祝禱的過程中，內心充滿祝福地捏一小撮放在地上——祂的身上，這意味著你很尊重你與祂之間悅納互惠的關係，這是一種展現感激與祝福的方式。如果你願意的話，甚至可以彎下身親吻你走過的土地，表達你對祂的愛意與感激之情，因為祂不只提供你一個家，祂就是**家**！

9
沙漠
飢渴 THIRST

　　能夠被稱為沙漠的地區，每年的降雨量必須等於或少於二十五公分左右。我們認為沙漠就是炎熱與乾燥，然而，地球上也有像北極或南極那樣的寒漠，因此，所有沙漠的共同點就是極度乾燥。

　　缺乏濕度，特別是在極端高溫的情況下，你的身體會迅速通過皮膚、汗水、尿液排出水分，以便讓身體降溫或至少防止身體產生過熱現象。因為這些液體的釋出，你可能很快就會脫水。口乾舌燥就是極度缺乏液體的第一個跡象，越長的時間沒有補充水分，身體被消耗的狀況就會越嚴重。最後，你所有的注意力都只會集中在為脫水的身體尋找水源。

　　難怪許多人稱水為生存的命脈，這樣的說法準確地描述了

這個生命中不可或缺、維持我們身體平衡的重要元素。

訊息

　　此刻，並非生理上的缺水引起你的注意，而是你模糊地意識到、感覺到「有個東西不見了」——你的生活變得很枯燥乏味，沒有任何得以解渴的東西。到目前為止，你所有想要尋求解脫的方式都只是一種誤導。你一直在追求一種習慣性的模式，雖然很熟悉，但仍無法完全滿足你，你依然有種少了什麼東西的感覺，有種你還無法確定、但可以感受到心痛或不適的內在乾渴。

　　這不是身體的飢渴，而是靈性的飢渴、靈魂的乾渴，只有飲下靈的泉水才能真正地解渴。要照顧到這種靈性的剝奪感，你必須進行一些神聖的冥想、祝禱、儀式，或其他讓你與**高我**保持校準的方式。除此之外，聽從內心的指示，用任何你聽到的方式來表達你的創意，這也是與**靈**連結的另一種橋樑。請聽從內心聲音的召喚，並記下滿足靈性飢渴的方法。

河

流動 FLOW

　　從太空中望向地球，河流就像是我們星球的動脈與靜脈，如同通過人類全身為我們輸送血液的血管一樣，河流將大量的水，傳送到整個地球。河流為大地輸送養分，為許多生物提供了生長的家園。河流與地球上的其他元素，一起不斷重塑大地的表面，在生態平衡上扮演了至關重要的角色。

　　所有的河流與溪流都是從一個制高點開始，例如一座山或其他高地，從那裡開始流向較低的區域。溪流可能會與其他溪流匯流，成為較大的河流，最終流向大海或湖泊。在這段過程中，無論是自然形成還是動物或人類活動，都可能會阻礙河水的流動，然而，儘管有這些障礙，每一條河流都會從障礙下方、四周，或者以穿越障礙等方式，找出自己的方向，穩定且堅定

地流向最終的目的地。

訊息

　　處在流動狀態是一種有意識的行為，意味著你完全沉浸在當下，並且非常享受你正在進行的事情。當意識處於那種狀態的時候，不論你是在進行一項工作、在大自然中散步，還是與別人在一起，你都是全神貫注的。生活中有各式各樣的東西會使你分心，暫時阻礙這場流動，例如：擔心未來、後悔過去、在意別人看待自己的眼光等等。這些內心的漩渦都會讓你無法全然地活在當下、無法隨著生命之流而流動。

　　只要帶著明確的動機以及對目標持續不懈的專注，你就可以穿越、繞過或跨越那些阻礙。在未來幾天，記下那些讓你分心、無法順流的事物，每天數次。每當你注意到這種情況發生的時候，請大聲地說：「我在這裡，我在**生命**的流裡，我就是**流**，我是**生命**！」每當壓力快要壓垮你的時候，就讓這段話成為破除它的咒語。

11
玫瑰
愛 LOVE

　　玫瑰是世上最古老的花卉之一，考古學家發現，最早的玫瑰化石可追溯至三千五百萬年前。玫瑰主要分布在北半球溫帶地區，不過，在南半球的某些地區也能看見玫瑰。玫瑰擁有一百五十個以上的品種以及數以萬計的混種，可說是世界上最受歡迎的花種。

　　玫瑰亦常出現在各大宗教信仰之中，象徵奇蹟與永恆的愛。許多人表示，自己在接收天使訊息的時候，都聞到了玫瑰的香氣。希臘神話中，代表愛與美的女神阿芙柔黛緹（Aphrodite）為了紀念兒子愛神厄洛斯（Eros），重新排列了他的名字字母，將玫瑰命名為 Rose。

　　一些傳統習俗會將各種玫瑰顏色賦予不同的含義，其中

最強烈的意義便是純粹與神聖的愛。除了玫瑰這種植物本身以外，**玫瑰之靈**也能柔軟一個人的內心，它能讓愛進入，並從中開啟一扇通道，而後讓愛向外流淌。

訊息

暫停你手邊正在做的事情。閉上雙眼，想像自己正握著一枝充滿香氣的玫瑰，並且注意到這朵玫瑰的顏色（之後你可以去搜尋玫瑰顏色所代表的意義）。慢慢地深吸一口氣，你會聞到玫瑰散發出一種輕柔、但存在感強烈的香氣。將這個味道吸入體內，並留意身體上出現的任何感受，尤其在心的位置。吐氣的時候，帶著愛將那口氣送向世界，並重複這個步驟數次。請感謝玫瑰與**玫瑰之靈**帶給世界這甜美且充滿愛的禮物，提醒著人們去給予與接收愛。

請慷慨地用言語與行動將你的愛表達出來，並且盡可能地、不帶任何要求或期待，用各種方式去給予你的愛。不要覺得不好意思而逃避付出你的愛，因為與此同時，愛也會以各種方式、從各種來源，可能是人、動物或植物，返回到你自己身上。愛向你走來的時候，請帶著感激之心大方地收下。不論何時，只要你有需要，都可以在內心觀想一朵玫瑰，它代表神聖、純潔與愛的力量。

12
空氣
氣息 RUACH

　　空氣的希伯來文是 *ruach*（讀音 ROO-akh），這個字簡潔而準確地描述了**空氣之靈**，讓我們感知祂的狀態。Ruach 並沒有單一的意思，祂常被解釋為「氣息、風、靈」，不然就是「聖靈、神聖氣息」。空氣就像**靈**一樣，你無法看見它的存在，但能察覺到它以風或是氣息的狀態在移動。它可以是輕撫雙頰的微風，也可以是強烈、狂暴、具毀滅性的暴風。

　　不論你有沒有意識到自己在呼吸，氣息都在你的體內環繞，讓你知道自己還活著。氣息可以很放鬆、穩定，就像風一樣；但當身體在活動的時候，氣息就會變得急促、劇烈。

　　靈就像空氣一樣，非肉眼可見，不過人們可藉由這個世界的物質存在而感知到**靈**，或是接收源自於**守護靈**的靈感，而

且，靈感（inspiration）本身的意思就是「將靈吸入體內」。

我們一出生在這個世上，從第一口呼吸中認識了空氣，開始了維持生命必須的空氣循環（靈循環），持續不停，直到呼出最後一口氣、釋放我們的靈魂，使其回歸靈的懷抱。

訊息

你可以明顯感受到最近的呼吸變得很淺、很卡，嚴重到你會發現自己正屏住呼吸。同時而且蠻諷刺地，你也注意到自己最近忽略了靈性的修習，失去了極為必須的空氣／靈循環。你身體上的緊繃感，源於讓你喘不過氣的日常工作，以至於你忘記了有意識地呼吸、忘了去關照自己與靈的關係。

先暫停一下……把注意力集中在自己的呼吸上，使其維持穩定、輕鬆……並注意身體上一些特別明顯的感受，例如：幾乎讓人感受不到的「微風」，讓它輕輕地從你的口、鼻進入身體，然後離開。讓自己一致地吸入、吐出這股生命之力，並且在這個練習過程中，仔細留意自己身體的活動，感受胸口與腹部肌肉的運作。關注身體其他感到很緊繃的部位，並且讓緊繃感緩慢地藉由每一次的呼吸而逐漸消散。恢復日常進行的靈性修習，將呼吸這件事有意識地帶入每日的練習之中。

13
雨
新生 RENEWAL

　　地球上水分布的永恆循環並沒有一個真正的起點，因為水總是不斷從一種形態轉換成另一種形態。

　　人類與動物的細胞含有百分之九十的水，植物細胞的含水量則是百分之八十到百分之九十。地球上約百分之九十六的水是鹹水，而比例相對低的淡水，有一部分位在地下補給含水層（飽和岩）、另一部分則儲存於河流與湖泊之中。水要成為多數生命形式可飲用的狀態，就必須歷經持續不斷的新生：受熱成為水蒸氣的形態上升至大氣，然後冷卻形成雲。雲層裡的水滴逐漸凝結與增加，最後形成雨降落在地球上，使大地上的淡水得以補充更新，並滋養著大地上所有的生命形式。牌卡上的蕙蘭（水百合）便體現了水所代表的新生，這種植物能維持數

月的休眠、撐過乾旱，並且只在雨後綻放。

訊息

你發現自己正處於一種新生的過程，從工作到人際關係——甚至是你跟自己、跟高我的關係，都需要你去徹底進行改造，才能重獲新生。你一直感覺到一種強烈且穩定的驅力要你去這麼做，但與此同時，卻又有一種對未知感到恐懼的抗拒感，阻止你去做這些改變。

服膺於靈的驅策是不容易的，儘管內心帶著恐懼，你仍應採取必須的行動，朝向下個階段的新生邁進。請提醒自己，這種事情在你人生中已經發生過很多次了，你一直無畏最初的阻力或可知的障礙，勇敢且成功地面對了那些活化自己的機會。

你能透過用心品嚐每一口喝進口中的水，來體會這種循環新生，並且從中明白，這個過程本身是非常自然且正常的。緩慢地、帶著感激之心啜飲每一口，讓自己想起地球上這永恆無盡的水循環。飲水的過程中，請暫停一下，感受水在你全身流動的感覺、感受這個對於自己與地球上其他物種不可或缺的「命脈」，讓身上的每處細胞都得以獲得新生、煥然一新。

14
星辰
嚮導 NAVIGATION

在毫無月光的闇黑中凝視著天空，覆蓋在蒼穹上那數不清的繁星，深深地吸引著你的目光。數十億的光點在黑夜中提供了絲絲微光，它們在天空的位置，是人們過去航行地球所依賴的指引。早期航海員並沒有地圖、六分儀或指南針，人們就是依靠星星在天空中的位置與海洋的潮汐，作為航海時的嚮導。在北半球，北極星永遠都在同一個位置固定不動，水手能因此找到一致的四個方位。在南半球，南十字星較長的十字線也有類似的導航功用。

除了提供可靠的指引之外，星星形成的圖案也成為所謂的星座。在過去，人們認為這是神向眾人訴說故事的方式，所以，大家很自然會為那些星座命名、講述星座的故事。透過星星本

身的美麗，與因之而賦予靈感的眾多傳說故事，讓人們對**宇宙**的**大奧祕**充滿敬畏與好奇。

訊息

你是如何規劃自己的人生？是隨心所欲，還是把一切都計畫得好好的、不容許太多出錯的空間？你都靠哪些資源做出選擇？你逐漸發現自己的人生方向有著隱藏的危險與限制，內心開始有一種想要改變這種運作模式的衝動。就好比先人們從各種元素與**自然靈**之中去學習、找出個人與群體生活的方向，你現在也應該轉變自己的意識，去接受**靈**所給予的豐盛指引與各種跡象。你的腦袋整天都很忙碌，讓它開始以為自己就是你的主宰。請調頻至距你僅一步之遙的靈性嚮導，提醒自己：「自我」並非至高無上。

在大自然中，請好好體驗能夠指引你方向的自然資源，讓這個經驗提醒自己是如何生活在這仁慈的宇宙之中。躺在星空下，仔細聆聽繁星向我們訴說的事，倘若你剛好看見一顆流星，請趕緊許下願望，看看未來是否會實現！

15
洞穴
啟蒙 INITIATION

　　洞穴（山洞）是地球上自然形成的開口，有些開口甚至大到能夠讓一個人進出。縱觀歷史與各種文化，洞穴在神話與傳說中都是普遍存在的主題，進入洞穴可以是進入大地母親的子宮，那個代表創造及生死的所在。洞穴也代表潛意識，存放著被壓抑的記憶與本能衝動，在祂們準備好被意識看見之前，會一直被抑制在潛意識的洞穴之中。

　　在過去的歷史中，洞穴一直被視為進入另一個世界的神聖通道，例如薩滿師的傳授儀式或是成年禮的成長儀式。一旦你深入洞穴的黑暗之中，啟蒙與轉變的過程便開始了。你被迫面對自身的恐懼，同時並發現自己擁有新的能力、信仰、勇氣去面對你所害怕的情境。離開洞穴的時候，你已不是進入洞穴時

候的那個自己。

訊息

　　雖然有些時候你會被最近經歷的黑暗時期壓得喘不過氣，但是這個極具挑戰的循環，也為你創造了面對與擁抱內在「魔鬼」的機會；這些魔鬼是你內心的陰暗部分，一直隱藏在你老練的面具之後。在這整段時期，你持續地以不帶羞愧與自我批判的心態，進行直面內心陰影的任務。現在，你擁有更強大的能力去感知它們，並清楚知道它們不再擁有控制你的能力。

　　面對與克服這些黑暗力量之後，你來到一個歷經顯著改變的光明世界；你重生而來到另一個生命的循環之中、一個具有更深厚靈性深度與意識覺知的狀態。從你所經歷的啟蒙一直到現在所處的階段，這個過程讓你更深入地體會與覺察靈的運作。你明白眾多悲憫的**守護靈**、跡象與預兆正支持著你，而祂們亦提供你至關重要的力量，協助你對靈性生活重新做出承諾。

16
紅杉
平衡 BALANCE

　　巨型紅杉是世界上最大的樹種，平均樹胸徑可達直徑六公尺、樹基徑達十公尺。巨杉樹皮能成長到厚達九十公分、樹枝直徑可達二點四公尺，一般樹高能接近七十九公尺，有些巨杉甚至能長到高九十一公尺。巨杉的壽命也很長，目前已知最古老的巨杉已經有三千兩百歲！其中，一顆名為薛曼將軍（General Sherman）的巨杉是目前地球上最大的樹，也是世界上最大的有機生命體。

　　如果你站在這些雄偉的大樹下往上看，會覺得這棵樹好像已經觸碰到天空，靜靜地宣示著祂作為上天使者的身分，然而與此同時，祂的根依舊穩穩地扎在大地之下。這棵壯麗的大樹就像是一個活生生的隱喻，告訴我們在深入天際的同時，仍應

站穩自己的腳跟。這也是**紅杉之靈**給予我們的提醒：在我們與靈維持關係的時候，仍應保持實際、穩定的心態。

訊息

你注意到自己最近的生活失去了平衡，身心變得異常沉重，好像被困在俗世的瑣事之中。你也可能一直處在忙碌的內心活動中，不斷地擔心、計畫，試圖要掌控自己的生活。你被那些強迫性的想法所綁架，以至於無法好好地活在當下。你可能會發現自己整個人輕飄飄、恍恍惚惚的，腦中有一堆方向卻不知道要落腳在哪裡。

現在，你必須盡力讓自己維持穩定、站穩腳跟，並同時保持身心的挺拔，以連結代表**靈**的天界。兩極之間的平衡並不是在做出固定不動的姿勢之後，就能毫不費力地維持住；相反地，這是一種具有週期性、不斷變動的動態流動，你必須在其中，同時感受到自身靈性的現實與自身物質的存在。

藉由將**靈**的存在具體化，你會更願意接收來自**自然靈**與天界的指引，像是先人、覺醒的靈性大師、大天使等。倘若你想要體驗天地合一的感受，首先，請以完整的身姿站在土地上。可以的話請赤足、閉上雙眼，進行深沉而緩慢的呼吸，並將自己想像成一株雄偉的紅杉，邀請**紅杉之靈**與你融合在一起。請你在真正平衡的完美片刻之中，享受著天地共舞的協同作用，慶祝真正的合一。

17
苔蘚
適應力 ADAPTABILITY

　　你可以把這種植物想作是植物界的兩棲類，它們是最早從海洋浮現到陸地上的植物之一，最初的苔蘚可追溯至四億五千萬年前。苔蘚通過了許多劇烈天氣變化的考驗，得以存活並成長茁壯，在每個大陸上與幾乎所有的生態系統中，都能看到苔蘚的蹤跡。

　　這種渺小的植物沒有花也沒有種子，它們是藉由雄性與雌性染色體所創造的孢子進行繁殖。孢子需要水提供養分，所以苔蘚需要在濕潤的環境下才能繁殖。孢子休眠時，能在高達攝氏一百度、低至攝氏零下二百六十七度的環境下生存！

　　像海綿一樣，苔蘚能很好地攀附在水面上。苔蘚能吸收雨水，維持下方土壤的濕潤，讓周遭環境保持潮濕，幫助周圍的

其他植物成長。如果一片土地上出現了大規模破壞的狀態，例如森林大火，苔蘚會是事後第一批出現的植物。苔蘚的出現能穩定土壤與保留植物新生所需的水分，真的是世界上最具適應力的植物之一！

訊息

你目前的處境需要高度的適應力，包括迅速地修改計畫，而且這種情況有時還會在最後一刻才出現。你發現自己變得沮喪且容易生氣，常因為一些事件或情境而陷入受害者情緒之中，你的情緒甚至會遷怒到別人身上，可能是陌生人、也可能是親人或朋友。

你發現周遭世界變化地相當迅速，而自己卻一直緊抓著熟悉的例行事物不放，總在進行一些儀式化的行為，試圖在可預測的情境下找到一些穩定的安全感。然而，你的努力並無法滿足你對安全的需求。

為了讓自己更有效率地適應目前這些變化，請提醒自己放下內心的期待，告訴自己生命中大部分的事情都不是毀滅性的災難，很多都只是我們內心這麼想而已。不管發生了什麼，事情終究都會過去。

在自己擁有平靜片刻的時候，練習緩慢地呼吸：吸氣從一數到四，接著憋氣從一數到七，然後在數到八的時候慢慢吐氣，再憋氣從一數到四，重複上述循環。在內心平靜時進行這項練習，能幫助你在計畫出錯的時候，更輕鬆地呼吸。

還有，記得像苔蘚一樣，大量喝水！

18
茉莉
感官 SENSUALITY

　　茉莉在世界上約有兩百種不同的品種，屬於開花灌木或藤本植物，原產於亞洲、澳洲，以及一些太平洋島嶼的熱帶或亞熱帶地區。普通茉莉，亦稱為詩人茉莉，原產於伊朗，會開出散發香味的白色小花，花朵常用於製作香水與芳香療法。

　　茉莉花香會直接影響我們的情緒中心，可提振精神、消除疲勞、深度鎮定我們的神經。茉莉做為茶品時，可有效舒緩焦慮。茉莉同時也有助於連結你最純粹、擁有最高目標的高我。

　　茉莉是相當有靈性的花朵，與情感、永恆之愛、感官都有著強烈的連結。在阿育吠陀中，茉莉被用做催情的藥物，一簇茉莉花所散發的誘人香氣能讓你停下腳步，立刻不由自主地暫停片刻，接收它們豐厚的禮物。不論你在何時吸入茉莉甜美的

香氣，或只是想像它的味道，強大的**茉莉之靈**都能藉此引誘你的感官！

訊息

　　在你的人生經歷中，有個一直未被滿足且被低估的部分，就是對於感官享受的沉迷。感官包括性慾，但範圍更廣，感官享受意味著滿足你的五感，去從事能夠喚起身體愉悅感受的活動。你一直在追求靈性的教導與實踐，並且將這些原則融入在生活之中；然而，你應知道自己不只是靈性的存在，更是一種物質的存在。你的身體有很多功能，除了受傷、生病及其他狀況，它讓你的人生到目前這個階段為止都過得很好。此外，你與多數人一樣，一直受到文化壓力的影響，不斷壓抑自己內在對身體享樂的渴望，包括、但不僅限於追求性的愉悅。

　　你可以把追求性愉悅做為靈性追求的表示，讓音樂、蠟燭、精油陪伴自己浸淫在沐浴之中。站在鏡子前，藉由愛撫身體，尋找自己感到最愉悅、最敏感的部位。如果你有伴侶，試著在做愛的過程中放慢節奏，用一種全新、溫柔的好奇之心去探索彼此的身體。將茉莉花放在屋內，讓花香伴隨你探索自己的感官、性慾。

19
風
移動 MOVEMENT

　　風是太陽使地球受熱不平均而引起的空氣流動。在赤道，太陽為土地與海洋所帶來的溫度，比在其他地方來得高，因此，大氣層中的空氣會上升，並且向兩極移動，創造出低壓系統。與此同時，較冷、密度較高的空氣則移向赤道，取代較熱的空氣，形成高壓系統。這些空氣的移動驅動了風，從高壓吹向低壓，空氣升到大氣層中，彼此相遇。空氣上升的時候，其中的水蒸氣會凝結而形成雲，且通常伴隨著降雨。

　　地球上空氣的移動是場持續且永不停歇的循環，同時也是將養分、溫度與水分配到全球的主要因素。風也用於能源，能推進船隻、研磨穀物、抽水，近期以來，人們也開始利用現代風力渦輪機來進行發電。

訊息

　　慢下來！在這個「快一點」的世界裡，人們很容易受到快速的步調所束縛，慌亂地向各處衝，卻沒有好好注意自己移動的動作，而是把每件事都當作急事，意識總是比身體快個幾步。沒錯，現在是你該放鬆的時候，但更重要的是，「慢下來」能讓你更有意識地注意、體會到身體移動的細節與美妙之處，你應該把注意力調頻到身體的活動，而不是腦袋的思緒。

　　利用每一次機會，不只是把意識專注在身體移動的動作上，而要更加關注周遭的活動。暫停一下，注意自己心跳與呼吸的動作，從這裡開始，把意識關注於自己最細微的肌肉動作上，並觀察其他人、動物、樹木、植物的移動方式，然後，好好思考宇宙是如何持續運作、從不停歇。每當你感覺到微風吹過眉梢或輕撫髮絲時，就能回想起這一點。最基本的就是：生命的一切都與移動有關！

20
島嶼
疏離 DETACHMENT

　　島嶼是完全被水包圍的陸塊，與其他離島和本島之間，彼此都有著些許距離。島嶼可分為兩種：海洋型與大陸型島嶼。海洋型島嶼是由海床升起的火山形成，大陸型島嶼是大陸棚的一部分，兩者相連在一起，只是島嶼位於水面上。

　　由於島嶼四周被海水環繞、遠離大陸，在島嶼上會產生一種孤立、遙遠、被困住的感覺，也會讓人因它的壯麗與神祕，而產生一種驚嘆與敬畏的感受。在島嶼上，遠離了文明的羈絆，時間與空間的概念變得沒有太大意義，而這種狀態可能會喚起一個人的恐懼，也可能是一種重獲自由的感覺。如果你正位於大海的中央，迷茫而失去方向，找到一座島嶼就是你最大的救贖！

訊息

你覺得自己跟他人有距離，有種疏遠的感覺。這是你所熟悉的孤獨疏離感，或許是童年的經驗教你學會保持冷漠，藉以保護自己。因此，與他人保持距離能讓你感到舒適，你不必去符合別人的期待，擁有自由去做自己想做的事就好。

然而，現在的你發現，保持距離的習慣讓自己好像被困在荒島之上，而且這種自我隔離的疏離感已經持續好一陣子了。有些親戚和朋友漸漸遠離你、甚至不再與你聯絡。你說服自己，你並不真的需要跟人——甚至是靈，建立任何關係。

除卻獨處所獲得的好處，你的內心深處一直有著想要「連結」的渴望，甚至試著用強迫性的活動以及會上癮的習慣，來填補時間、滿足那種渴求。現在，該是你主動聯繫他人的時候了。誠實面對自己需要家人與朋友的需求，請毫無保留地去重新修復這些關係。你必須認知自己那些成癮的活動或世俗的工作，並無法彌補內心的那塊空洞，只有重新連結自己與他人、與靈的關係，那份空虛才得以獲得滿足。

21

海洋

波浪 WAVES

　　站在岸邊，望向這片不斷湧動的水，你發現自己深深著迷於這充滿律動的潮起潮落。天氣穩定的時候，大海帶有一種愉悅的溫柔，在耳邊以一種輕柔而穩定的節奏輕輕低語著，提醒著你生活中各個層面的節奏與律動。然而，海洋與自然界其他元素的互動也可能攪動大量的海水，造成越來越強大的湍流、甚至是毀滅性的大浪。

　　海洋是一個廣大的儲藏室，裡面裝載著地球上所有的水。海洋也是地球上永恆水循環的積極參與者，讓水這個基本元素變化出各種不同的形式。地球上所有的生命都源於數十億年前的大海，而所有的生命也終將以另一種海浪般、持續了億萬年的規律，回歸大海。

訊息

生命的浪潮有著各種節奏與循環：從溫柔的穩定狀態，到狂暴的動盪型態。人生中大部分的時間裡，你已成功面對了這些循環裡的各種挑戰——不論是身體上、情緒上、關係上還是靈性上。然而，你最近發現自己被困在這些浪潮之中，猶豫著是否要去駕馭它們。你發現，浪潮越洶湧、自己就越是掙扎，好像在逆流而上一樣：這不只花費你很大的力氣，而且到頭來還弄巧成拙。

雖然直面大浪極具挑戰性，有時甚至會令人感到害怕，然而，與其與之對抗，何不試著駕馭浪潮、看看它們能將你帶向何方？帶著一顆開放的心，就算內心茫然，也相信**生命**知道自己的方向，你一定可以在「不暈船」的情況下駕馭這些大浪，航向較為平穩的海域。倘若你發現自己陷入掙扎，請呼喚**海洋母親**，請求祂恢復你對自己的信心，並相信自己有能力面對這些只是**生命**中自然律動的浪潮。

22
海豚
聆聽 LISTENING

　　海豚這種出色的哺乳類海洋動物，擁有高度的智慧、愛玩的天性以及卓越的聽力。海豚會利用回聲定位（亦稱為聲納）彼此交流，以一種通過聲音來「看見」的方式，在水域中進行導航。海豚會在水中發出聲音脈衝或喀噠聲，這些聲音碰到其他東西之後會反彈回來，形成回聲。海豚會仔細聆這些聲波，而聲波則會傳進與大腦神經相連的內耳，讓聲音在大腦中轉譯成圖像。海豚會在海中建立出大海的 3D 立體地圖，在低光源與視線不佳的時候，利用這份地圖在水中遨遊與獵捕。這一切都始於海豚與生俱來的天賦能力，使其能夠專注地聆聽、轉譯成其他感官能接收的訊息，尤其是視覺畫面。如此，海豚便能更輕鬆駕馭自己的世界。

訊息

「聆聽」能幫助你消化與理解你聽見的聲音，你的大腦會處理這些聲音，然後把它們傳送出去，觸發思想、圖像與身體感受。這個過程會創造出一幅與你的內外在環境有關、且不斷改變的 3D 立體「地圖」。然而，有一些「濾鏡」可能會讓你分心而使你無法完全處於當下，進而干擾你接收事物的清晰度與準確度。

你發現自己很難不使用這些「濾鏡」，來聆聽周遭的聲音或別人所說的話，但這種情況使你在與他人溝通時，產生了很大的困擾。因為專注、認真地聆聽，才能讓你真正瞭解對方所說的內容。因此，請不斷練習讓自己「全神貫注」地聆聽別人說話，把清楚理解話語內容變成與人溝通的首要目的。不管你身處何地，讓自己時不時地暫停片刻、深呼吸，專注地聆聽你周遭的環境以及傳回到你身上的「回音」。更重要的是，你可以試著開發聆聽高我的能力，藉由緩慢地呼吸、平緩心神，注意接收到的任何訊息。你能夠給自己與這個世界最棒的禮物，就是以這種方式去好好聆聽。

23
荒野
野性 UNTAMED

　　人類出現在地球以來的絕大多數時間裡，這個星球的大部分區域都是荒野，尚未被人類侵擾，擁有複雜且相互關聯的生物多樣性。然而，隨著人口持續增加，便需要更多的土地來供養越來越多的人類。地球那原始且不可控的部分，必須受到控制、馴服、開發，才能為人類所利用。脆弱的生態系統因而遭到破壞，許多動植物種受到威脅，原住民也被迫遷離家園、流離失所。

　　荒野之地已經縮小了很多，時至今日，只剩下不到四分之一的土地與更低比例的海洋屬於野外，而且這個數字仍持續在下降。幸好現在有越來越多的個人與政府，持續地為保存與保護這珍貴的自然寶藏而努力。探索荒野能喚起個人內在的野

性，並提醒我們，人類與自然世界擁有交織密切且互相影響的關係。

訊息

你身上帶有野性的某些部分，已屈服於當下的文明要求與社會規範，然而，你偶爾也會接觸到未開化、充滿野性的那個自己，體驗到那個維度的身體與靈性狀態，以及那種狀態與荒野的原始本質所產生的共鳴。你可能會對那個部分的自己產生恐懼，但同時，那樣的自己也喚醒了一種超然且根深蒂固的熟悉感，將你與深層的身體記憶連繫在一起。你正在體驗先人們的經歷，他們曾在我們現在所謂的荒野之中，和諧且互助地生活著。

花點時間進入遠離文明陷阱的**大自然**之中，拋開束縛，允許自己表達出動物與本能的那個部分，你原始與充滿野性的本質非常渴望能顯現出來。脫掉鞋子與襪子，體驗雙腳觸碰大地的感受。躺在地上，讓自己隨著地球的律動一起呼吸。你也可以把自己想像成某種動物，讓自己以該動物的模樣自在地跳舞、模仿他的聲音。請對周圍與內心的荒野表達感謝，並藉由上述這些做法，感受澎湃洶湧的生命力！

24
閃電
突破 BREAKTHROUGH

　　閃電能喚起人類對於大自然驚人力量的敬畏與讚嘆之心。一道閃電落下、咆哮的雷聲緊隨其後，這一切震撼著我們的感官，讓我們心生警覺，並且挖掘出我們最原始的情緒。

　　閃電只是雷雲與地面或雲層之間的不平衡，進而導致的放電現象。一道閃電能產生高達十億伏特的電力，將周遭的空氣加熱至太陽表面溫度的五倍以上，當過熱的空氣在閃電造成的裂縫中迅速地互相碰撞，就會產生雷聲。

　　在許多文化中，人們會把閃電與靈光乍現連結在一起。古希臘人認為，閃電是直覺與靈性啟蒙的象徵：在我們的心靈中，兩個看似不相關的東西因著突然出現的靈感而結合在一起，繼而催化出創意性的突破。

訊息

　　瑣碎且毫無關聯的想法在腦海中翻騰了好幾天、甚至是好幾個星期,持續在啃噬、困擾著你。它在消耗你的注意力,要求你採取行動,然而,你卻一直不清楚到底要怎麼處理這些看起來很隨機的想法。但此刻的你好像被雷打到一樣,在靈光乍現之中感受到一股上衝的能量,突然且出乎意料地匯流成一條清晰的道路供你前行。

　　儘管你獲得了這樣的啟發,卻心生猶豫與恐懼,不確定是否要相信這個突然衝進意識的指引。為了讓自己打消這些質疑,你可以讓自己在未來幾天多留意一些其他的跡象、預兆,以及一些共時的巧合。一旦你獲得了充分的靈性指引與直覺上的證據,請勇敢前進,不要理會內心殘存的恐懼與懷疑。你已經體驗過最初的靈感衝擊,從現在開始,你要決定是否願意踏上這條已為你開啟的道路。

25
彩虹
美 BEAUTY

　　當人們看到彩虹時，臉上很難不浮出一抹微笑，著迷於它引人注目的美麗。大自然神奇的魔法深深地擄獲了我們的心，它神祕的魅力振奮我們的心情，觸動內心那股興奮而敬畏的感受。雖然彩虹是一種視覺錯覺，但在我們的眼裡，彩虹非常真實。陽光穿過雨滴，光線在進入水滴後發生彎曲或折射，並反射在雨滴之中。光線離開水滴後會形成不同的波長，可見光由各種不同的波長所組成，每個波長呈現出不同的顏色：紅、橙、黃、綠、藍、靛、紫，這就是彩虹。

　　雖然這個壯麗的拱形彩虹包含了可見色的整個光譜，但是這七種顏色卻是雙眼最容易區分出來的色彩。在數字學中，七代表我們渴望與**靈**以及**人生目的**擁有更深的連結。這七種顏色

也與人體的七個能量中心（脈輪）有關，位置從脊椎底部一路通向頭頂。

訊息

你最近的注意力一直被腦中的思緒所佔據，無法好好活在當下，看不見自然界的多樣與驚奇之美。

如果你想要抵消這種思緒，請試著讓腦中出現一道彩虹，可以是想像的、也可以是曾經看過彩虹的回憶。接著，注意那道彩虹中特別突出的顏色，然後去看看該顏色對照身體上的脈輪部位。然後，開始呼吸，想像自己將那個顏色吸入對應的脈輪之內。

彩虹能激勵你到戶外走走，並關注周遭的自然環境。不論是公園、海邊還是森林，請讓自己漫步在大自然當中。這麼做的時候，請特別注意這個世界的一系列色彩，從細微之處到驚人的顯著之處，去看看這些色彩如何混合在一起。然後，時不時停下腳步觀察周圍環境，並進行幾次緩慢而深沉的呼吸，在一呼一吸之間，關注體內的感受以及浮現的任何情緒。

請觀察日落或日出時的色彩變化，並注意這樣的變化帶給你的感覺。

注意到自己在別人身上所看見的美，接著，站在鏡子面前，不帶任何自我評價地對著鏡中人說：「你原本的樣子就是美的。」慢慢地重複這句話幾次，並且在至少一週內，每天都進行這個練習，並且觀察自己內心的感受。

26
蛇
蛻皮 SHEDDING

　　不論在身體還是靈性層面上，蛇這類簡單的生物都擁有驚人的複雜度。在許多信仰系統與神話故事中，蛇被視為具有善惡兩面性的代表、神祇、**生命**的靈魂、通往天堂的門戶、療癒的力量，或是冥界的化身，擁有強大的恐懼與力量。蛇在世界上許多文化也有著顯著的象徵意義，其中之一就是希臘神使赫密斯（Hermes）的雙蛇杖（caduceus），雙蛇緊緊纏繞在柱子上的形象，深深地烙印在我們的集體意識中。

　　蛇最讓人驚嘆的特徵，就是一年中會有幾次完整的蛻皮。他們的身體長大了，但外皮卻太小，所以新的一層皮膚會慢慢長出來，而原有的那層皮則會整片完整地蛻去，就像脫掉一件穿不下的衣服一樣。這個過程需要幾天的時間，在這段期間，

蛇不能受到外界打擾。蛇不像蜻蜓或蝴蝶，並沒有經歷身體上的完全蛻變，蛻皮的過程只是蛇長大了、換上較大的外皮而已，蛻下的舊皮會直接拋棄。

訊息

現在是進行蛻皮的好時機，讓「更大」的自己從那個包覆著你、定義著你——或是你以為的自己之中，逐漸浮現出來。其實，你一直有種感覺，覺得原本的外皮已經不太合身，但內心卻又很自然地想抓著原本熟悉的習慣與生活方式，接受它們那種虛幻的安全感與可預測性。雖然蛻皮的過程需要一段孤獨與自省的時期，但你也真切地感受到一股渴望，想要掙脫身體與情感上的糾結，因為這些糾結，讓你無法從自己所創造的、並且確實發揮作用的自我束縛之中，好好地釋放出來。當然，這也可能是在提醒你，在蛻變的過程中，你應該拋下一些不再合適自己的所有物。

經過一段時間，可能是幾週或幾個月，你逐漸浮現的自我，會開始創造出新的連結與關係，最終讓你更加貼近代表眾生的自然及靈。這對你而言是無可避免的蛻變，你依舊是「你」，只是獲得了更強大的目的與意志，讓你在生命中新的階段持續進行蛻變。過程中可能會出現一些掙扎，然而，由於你對蛻皮的過程已有了更加強烈與深刻的信任，所以在需要的時候，你能夠召喚守護靈來為自己提供完整的支持。

27
雪松
智慧 WISDOM

　　雪松生長在西喜馬拉雅與地中海的山區，可在海拔一千六百至三千二百公尺的地區生長。雪松是很受歡迎的裝飾樹種，帶有淡淡的木質甜香，擁有獨特的色澤與木紋。雪松與鼠尾草類似，在古代儀式中，能在燃燒後淨化與祝福空間。

　　古地中海文明的許多故事中，都將雪松視為智慧的守護者，而雪松林則是智慧的聖殿，因此，雪松與智慧有著很強烈的連結，讓人能夠深入了解**極深奧祕**（Great Mystery）的意義。在西元前九五〇年，人們用黎巴嫩聖林的雪松樹來建造索羅門王的聖殿，用以紀念這位在聖經中以智慧聞名的國王。上帝同意索羅門對智慧的追尋，因為他不將智慧用做私人目的，而是用智慧來帶領與服務他的人民。**雪松之靈**提醒我們要在靈魂中

感受**靈**的本質，只要仔細聆聽**守護靈**的引導，我們便能進入深邃的智慧之中。

訊息

你所擁有的智慧不只是個人廣大生活經驗的集結，更深受**守護靈**的影響。有時候，連你自己都會驚訝於腦中所想、口中道出、筆下所寫的內容與啟示。這時，不論你有沒有意識到**守護靈**的存在，其實都是祂們在提供你這些靈感與見解，讓那些內容充滿古老智慧、又符合當代思想。你不需要自我膨脹，因為你只是這些智慧泉源的媒介或管道，祂們只是藉由你或是通過你，來傳遞這些智慧而已。

如同索羅門王故事的啟發，使用這些禮物最好的方式，就是藉由演說、寫作或其他任何表達方式來為他人提供領導的服務。請以謙遜的態度，將來到你身上的知識表達出來，並對知識被接收與否的狀態保持距離，因為對方擁有歡迎或拒絕該知識的自由。

你要時常對你的**守護靈**表達感激之意，這樣一來，你才能與祂們所擁有的智慧調頻在一起，進而將智慧帶給世間萬物，為世上的**至善**服務。

28
森林
多樣性 DIVERSITY

　　森林絕不只是一大群的樹木聚集在一起而已，森林是延續地球生命不可或缺的部分。全世界有三億人生活在森林之中，而美國十六億人口也依賴森林提供的資源。這個複雜的生物網絡——包括植物、動物、真菌、細菌，是地球上近一半已知物種的家園。

　　森林同時也能淨化土壤，以其巨大的根系網路將土壤固定在原地，保護流域、為含水層提供淡水。森林也為許多生命形式提供新鮮的氧氣，相反地，森林也吸收許多生物排出的二氧化碳，尤其是廣闊的雨林地區，更被稱為地球之肺。

　　森林裡有各種藥草植物，免費提供心靈、情緒、身體與靈性的療癒。森林的存在激發了一種得以撫慰靈魂的敬畏與驚奇

之感，提醒著我們必須採取行動去保護這些賦予萬物生命的森林，尊重**森林之靈**的神聖性。

訊息

你陷入一種慣性習慣之中，每天過著常規生活，沒有什麼變化、也沒有什麼目的可言，一種陳舊的可預測感滲透了你的日常生活。雖然你想要為生活增添一些變化，但又很容易基於虛幻的安全感，而抓著某種生活型態不放。有任何活動向你招手的時候，內心馬上就會出現阻礙你前進的反對意見與自我批判。

在生命中的這個階段，你必須讓自己去追求多樣化的興趣，像是報名一直很感興趣的舞蹈班或是聲音訓練課程，探索人生中不同且陌生的路徑。去森林中漫步，享受眼前的景象、聲音，還有那發自內心的微笑。請尊重內心想要進行某項創意計畫的渴望，願意在這場稱為**生命**的實驗中為自己冒險，多去嘗試一些機會。

讓自己的生活多樣化，會讓你更健康、身心更加平衡，嘗試豐富自己的興趣與參加不同活動的時候，請記得感謝森林為你提供充足且大量的氧氣！

29
菸草
互惠 ECIPROCITY

　　這裡的**菸草之靈**並不是指商業販售的菸草，這類菸草在現代生活中具有破壞性，因為它原先具有的神聖目的，在商業化與工業化的過程中已被貶低及剝削殆盡。這裡所說的菸草，是指數千年來被許多文化當作神聖藥材的傳統菸草。

　　神聖菸草會與鼠尾草、雪松、香茅與玉米粉一起用於祝禱、淨化、清潔。煙燻菸草的時候，產生的煙能夠將祈禱文帶向**造物主**，倘若你吸了那些煙，你只是在吸收禱文，祈禱的內容便無法被聽見。在莊嚴、神聖的方式下使用菸草，能夠促進身體、情緒與靈性的健康。

　　人們也會將神聖菸草獻給造物主、某人、某地或某種存有。倘如你想要向對方尋求指引或保護，給予菸草就是一種尊

重的表示。煙燻菸草（不是要你吸進去！）或者手拿一小撮菸草送出去的舉動，不只代表內心的感激，同時也是一種悅納互惠的原則：與其單純從**造物主**身上獲得免費的贈禮，我們也用神聖菸草來交換想要接收的東西，這個過程同時也提醒著我們與萬物之間所存在的相互關係。

訊息

　　許多人不會想到悅納互惠的靈性本質，然而，**菸草之靈**卻教導、鼓勵我們去這麼做。我們要對於收到的一切懷有感激之心——不論給予者是心愛的人、大地，還是來自造物主的靈感。然而，如果你沒有注意，這種感激的練習久而久之可能會變成一種無意識、機械式的習慣。所以，請確保自己總能善用內心與靈魂深處那份真摯的感激之情，將這份有意識且真心誠意的謝意，應用在生活中的每個部分。

　　你所呼吸的空氣，就是一種展現互惠最親密的方式。你可以在每天早上，向呼吸的空氣表示感謝，然後，花點時間沉浸在這份感激之中；同時，也承認這場空氣的交換是多麼地珍貴，並看見自己無償地付出了一些回報——將二氧化碳送給植物與樹木。在開始進行園藝工作之前、享受與樹木交流之時，或是歡迎鳥兒在清晨為你歌唱的時候，你都可以送出一些碎菸草。在未來幾天，有意識地去實踐互惠，並仔細關注接下來發生的事情。

30
雲
想 像 力 IMAGINATION

　　天上那些有形與無形的雲深深地吸引著我們：它們是有著微妙明暗對比的宏偉立柱、伸向天空那一排排長著羽毛的纖細手指，也可以是凝視著大地的黑暗巨獸，氣喘吁吁地吹出狂風陣陣，預示著不祥天氣的到來。雲既讓我們著迷又讓我們恐懼，它們是天氣的神諭，預示著即將到來或反應著正在發生的天氣。透過變化萬千的形態，雲提供我們無盡的娛樂，從一種組合到另一種組合，引誘著我們去想像各種面孔、動物、風景。雲是水、土、空氣這三種元素綜合舞出的物理表現，讓這美麗的星球不斷地進行著水循環，更是促使大地與水域持續發展的關鍵角色。

訊息

　　想像力是「尋常現實」與「非尋常現實」之間的橋樑，而「非尋常現實」則是個奇妙與迷人的世界，你的注意力只要稍稍被轉移，就能在大氣層的雲朵中獲得靈感，讓自己的思想與心靈瞬間被帶往另一個世界。請放下平常且熟悉的事物，去擁抱變化無常的世界，加入陌生的環境、放大自己的視野，開啟一趟新的冒險旅程。

　　將視野望向天空，你看見了什麼？受到自然無盡想像力的啟發，雲朵用絕不重複的形式彩繪著天空。讓自己屈服於這種想要放下一切的衝動，躺在地上、仰望天空，看看水、土、空氣如何彼此結合，在天空中創作出這場優雅的舞蹈。

　　好好伸展自己的想像力，並對於自己所受的啟發採取行動：去創作你一直想寫的那本書；畫出你腦海中、不斷鼓勵你去冒險的影像；讓身體循著自己的感覺來跳舞……。不論想像力驅使你前往不太熟悉的地方、做任何陌生的事，都放膽去做！

31
鼠尾草
淨化 PURIFICATION

　　鼠尾草在世界各地有七百多個不同的品種，不過，最常見的就是在醫療、食用與淨化的用途上，有著悠久歷史的藥用鼠尾草（Salvia officinalis）。鼠尾草在醫療上被證實可降低膽固醇，在病後能幫助恢復活力、淨化肝臟。在各種不同文化中，鼠尾草都具有強化生殖、清潔傷口的功效，用於茶飲之中，能幫助消化與改善喉嚨不適。

　　科學證實，鼠尾草與其他植物一起燃燒所產生的煙霧，是一種有效的防腐劑，具有淨化與療癒的效果。人們使用白色鼠尾草（Salvia apiana）也有相當長久的歷史，特別是美國原住民會燃燒白色鼠尾草，手持一根羽毛或單手持著燃燒中的鼠尾草煙霧繞圈行進，以煙燻的方式來淨化空間。鼠尾草在燃燒時，

煙霧繚繞的狀態會形成一道連結靈的橋樑，並且能同時淨化空間或個人身上的靈性能量與負面情緒。在某個儀式或特別聚會開始之前，人們也會燃燒白色鼠尾草來淨化空氣，以確保儀式的純淨，而鼠尾草的煙霧亦是與靈溝通的催化劑。

訊息

你正處於一場已經展開的淨化過程，必須深度清除與淨化那個籠罩在你身上、或已滲透到個人能量場中的負能量。那股負能量使你全身產生一種不適之感，進而影響整個人的精神與活力。有些淨化與清理的行動是有意為之的，例如：整理與釋放造成你能量降低的關係。現在，你應該定期燃燒鼠尾草，用煙燻的方式淨化自己與身處的環境，如果手邊沒有鼠尾草，也可以用雪松、乳香或祕魯聖木來替代。

要慎選自己所接收的訊息，像是閱讀的書籍、觀賞的電視節目或其他接收到的媒體訊息，請好好淨化自己心靈上的滯礙狀態。限制科技產品的使用時間或許有很大的難度，然而，為了自己好，還是請認真嘗試看看。

你可以用身體上的大掃除來淨化自己。請讓淚水持續流淌，以淨化自己情緒化的身體；請允許自己哭泣，而不是抗拒淚水。你也可以開始一項新的靈性修習，可以是祝禱、冥想或緩慢而有意識的步行等不同方法，讓自己真正感受到靈的存在與靈感。不論你選擇何種方式，請每天練習，關注到自己逐漸變得輕盈、正面的狀態，儘管偶爾會有突然來襲的負能量，你也能游刃有餘地快速消除。

32
蒲公英
療癒 HEALING

　　蒲公英的英文 dandelion 來自法文 dents de lion，意思是「獅子的牙齒」，描述的是蒲公英葉子的形狀。蒲公英的學名 *Taraxacum officinale* 是希臘文，約略可譯為「治癒疾病的藥物」。古希臘、埃及、羅馬時期的人們都熟知蒲公英的治療屬性，近千年以來，傳統中醫也一直將蒲公英當作重要的中藥材（黃花地丁）。數世紀以來，蒲公英一直被用於治療身體的各種疾病，包括癌症、痤瘡、肝病、消化系統問題等。

　　有些人只把蒲公英當作花園裡頑強的雜草，卻沒看見這株植物本身富含的維生素、礦物質與纖維。蒲公英普遍生長於世界各地，像是草地、森林邊緣、草原，只要有濕潤的土壤與充足的陽光便能成長。蒲公英擁有強韌的生命力，在許多艱難的

條件下都能存活，這意味著**蒲公英之靈**在身體、情緒與靈性層面的療癒上，都擁有強大的力量。

訊息

你需要「決心」來進行你的療癒，這是一種來自於讓自身意志與**靈的意志**保持一致的決心，並且願意召喚自己所能使用的一切資源。你目前的狀況已經影響到情緒與身體，嚴重地考驗了你本身的信仰，但是你必須盡一切努力來恢復信念。你經歷了某種失去，並隨之引發了內心的憤怒與傷痛，而且，你無法用「超越它」或「振作起來」這種心靈格言，來欺騙內心的痛苦。相反地，你必須擁有堅定的決心，願意去深入挖掘這方埋藏著悲傷的黑暗土壤，讓自己能夠承認並表達這份痛苦。

你可以向能同理你，而不是試著解決你問題的家人與朋友尋求協助，敞開心胸接納**靈**給你的跡象與預兆，祂們能夠引導你渡過這場逆境。或許現在看起來還不是時候，但請相信自己的內心，你承受的痛苦是有目的的，這件事一定會過去，就像所有事情一樣。

觀想著蒲公英亮黃色的花朵，感謝這美妙且強大的**靈**所帶給你的祝福。你要知道，最深層的療癒就是放下我們與一**切源頭**分離割裂的幻想。還有，只是為了好玩，下次當你看見蓬鬆的白色蒲公英時，記得把它撿起來，把種子吹到空中，許下一個願望。

33
蜜蜂
社群 COMMUNITY

　　除了南極洲以外，世界各地都能發現蜜蜂這種飛行昆蟲。蜜蜂覓食花蜜與花粉，在植物的雄性和雌性部位之間穿梭、授粉，幫助花朵、蔬果的繁殖生長。蜜蜂是群聚生物，每個蜂巢中的大量蜂群，都有其明確的分工與責任。

　　女王蜂是蜂巢中所有蜜蜂的母親，雄蜂唯一的責任就是與其他蜂巢的女王蜂交配。所有的工蜂都是雌性，佔了整個蜂群百分之九十九的比例。工蜂負責一切的工作，包括餵養幼蟲（蜜蜂寶寶）、照顧女王蜂、清理蜂巢、收集、守衛蜂群以及建造蜂窩。雖然蜂巢裡的活動看起來很隨機混亂，但其實所有的行動都有其直接目的，溝通清晰，具有能夠支持物種持續的群體意識。

訊息

　　你是社群中不可或缺的一分子，這個社群的組成人員可以是有血緣關係的親友、你的朋友群或是其他有共同關係或興趣所聚集的群體。你發現自己最近時不時會想起某個人，卻常常認為觸發這些記憶的想法和感受，是隨機且無關緊要的。然而，你的生活中甚至會出現與那人相關的提醒，像是對話中突然出現他們的名字，或是眼前突然出現某些讓你想起他們的代表物品。

　　這種同步且共時的狀態是由集體意識所促成的，而集體意識則是一個把全人類連繫在一起的無形網絡（網絡上的線會更集中在與你有直接相關的社群上）。我們常會聽到一些這樣的故事，像是突然有想打電話給某位親朋好友的衝動，然後發現對方當下正好有緊急需求，類似這種故事比比皆是。現在，請讓自己相信這些暗示並對其採取行動，主動且積極地承認你與生命中這些重要的人，在物質與精神上的連結。

　　暫停一下，將平常所認為的社群概念再擴大延伸一些，你將會發現，自己與全人類都相連在一起！

34
稻米
滋養 NOURISHMENT

　　稻米是一種草本植物，其所屬家族還包含了麥與玉米等其他穀類，據說發源於一千四百萬年前的馬來西亞。有證據顯示，在一萬兩千年前，稻米在中國被馴化為食物來源，成為人類歷史上一個重要的發展。稻米能夠適應並生長於世界上各種不同的氣候條件，從世界最潮濕的地區到最乾燥的沙漠，除了南極洲外，每個大陸上都種植著數千種稻米品種。

　　稻米是人類最重要的糧食作物，養活的人口數量比其他作物都還要多，全球超過三十億人、約世界上一半的人口，都依賴稻米作為主食。稻米富含營養素、維生素、礦物質，更是複合碳水化合物的絕佳來源。

訊息

　　你有在滋養自己的身體、情緒或靈性嗎？從滋養身體開始，來進行一下自我評估吧！在接下來的幾天，請在吃飯的時候放下手機、關掉電腦、遠離任何會讓你分心的事物。除了專注於入口的食物之外，更要把注意力放在吃東西這件事情上，關注食物進入體內的感受，並且特別注意自己吃下的食物種類與品質。

　　在情感上，你可向好友尋求支持，增加自己的情感養分，優先規劃與他們相處的時間。相反地，此刻你所面臨的另一個挑戰，則是需要與那些消耗你能量的人斷絕關係。

　　你最近也感受到缺乏靈性上的滋養，而且這種狀態會影響生活中的所有層面。所以，請以開始進行每日的靈性修習，可以是祝禱、冥想、薩滿旅程或是在林中散步。這麼做的時候，請讓自己全神貫注在當下，注意到自己與**高我**的連結與關係。

35
蓮花
復活 RESURRECTION

　　蓮花外表看起來細緻而脆弱，但其實擁有無與倫比的韌性。蓮花的出現可追溯至一億四千五百萬年前，在最近一次的冰河時期中，北半球大部份的植物都滅絕了，蓮花卻得以倖存，而且，蓮子能在沒有水的情況下保存數千年。蓮花在濕地中生長良好，在泥濘中茁壯，儘管如此，蓮花也能適應其他環境。它們一生中的每一天都被淹沒在混濁的河水之中，只為了能在每個早晨再度開花，出淤泥而不染。難怪，蓮花能成為代表生、死、重生的強大象徵符號！

　　蓮花經常與靈性領袖一起出現，因而被視為信仰與靈性覺醒的象徵。有個故事提到佛陀出現在一朵漂浮的蓮花上，而祂踏在地球留下了一朵朵的蓮花，被稱為步步生蓮。**蓮花之靈**

深藏於我們的集體意識中，提醒著我們不論處在人生中何種階段，都要相信生命的循環——即便深陷「絕望的泥沼」，最終也必在**光**的照耀下復活、重生。

訊息

最近，你因為一些充滿壓力與不安的經驗，開始對**靈**的信仰產生質疑，懷疑自己是否真的能夠把自己拉出泥沼之中。然而，即便你覺得自己在生活中被粗暴地對待、受到了嚴重的考驗，你仍要保持信心。你被困在黑暗之中所承受的痛苦很快就會解除，你即將迎來一場重大的新生，並且擺脫這場經歷中所有的不悅與痛苦。

你人生中的每一場重生循環，在出現之前都會經歷一定程度的痛苦——就像分娩一樣，跨越這一切之後，你會存活下來、最終獲得新生。而這通常會伴隨著讓一部份舊的自己與狀態死去，因為那些東西已不再適合你、也不適合你人生接下來要成為的樣子。

請重振自己的信仰，在尋找**光**的過程中，讓自己保持穩定、不疾不徐地綻放——結果你會發現，**光**其實一直都在，只是變得更明顯而已。你還可以進行一些慶祝儀式，來表達自己對這場重生循環的感謝。

36
蝴蝶
再生 REGENERATION

　　蝴蝶以一種形式開始生命，而以另一種形式結束生命；蛻變與再生是他們的生物宿命。蝴蝶不只有著令人讚嘆的美麗外貌，更帶有重生、改變、承諾著更好未來的訊息。倘若在至親過世不久後有蝴蝶出現，你便可把那隻蝴蝶視為故人的使者。

　　毛毛蟲貪婪地吃進一切食物，然後把自己包在繭中，這便是蛻變過程的開始。在蝶蛹中，毛毛蟲的身體溶解成糊狀的「黏液」，一直到具有蝴蝶身體結構、原本在休眠期的成蟲細胞開始活化，在兩者基因完全相同的狀態下，再生出一個完全不同的物質形態。毛毛蟲破蛹而成蝶，成為重要的授粉者，對地球生態做出重大的貢獻，而且也為觀察破蛹過程的人，帶來美好的喜悅與想像。

訊息

　　生活一直以一種相對穩定和可預測的方向前進，直到某些事件讓你陷入混亂的循環，而你現在正在逐漸擺脫這場混亂。你不得不面對一些挑戰，覺得被壓得喘不過氣，不斷質疑你所知道的一切，向內心尋求不總會出現的答案。

　　你可能沒有意識到，但目前是一場重大蛻變的孕育期，一個新的「你」即將再生。雖然你的基因沒有改變，但你的表徵遺傳會開始進行重組，類似蝴蝶在蛻變時開始活化的成蟲細胞，甚至是你的外表、舉止方式都會出現重大的改變。你可能會想穿上更明亮、鮮豔的衣服，而且，有個聲音在召喚你，去探索不同的趣事與創意活動，告訴你要加深的靈性修習與信仰。

　　好好享受這段再生的時期，你會發現以前隱藏起來的那個自己，隨著新的「你」不斷地湧現。請帶著勇氣與冒險的精神，去探索任何吸引你的事情！

37
橡樹
祖先 ANCESTORS

　　橡樹原產於北半球，目前世界各地都可以看到它的蹤跡，可說是地球上最受歡迎與愛戴的樹種之一。站在這些宏偉的大樹前，你能感受到它們散發出一種穩定而古老的氣息。橡樹是世上最古老的物種之一，在地球已存在了六千五百萬年，遠早於現代人類的出現，而且，目前還有很多千年以上的橡樹聳立在世界各地——大大地證明了橡樹本身的力量、頑強與韌性。

　　橡實發芽時，首要的第一件事，就是將主根深深地伸入土壤之中，從那裡開始，廣大的根系水平開展，為植物帶來水分與營養，以及高度的穩定性。參天橡樹的雄偉壯麗暗示著它擁有的史前血統，它細長的枝條，上、下、左、右平均地向各方伸展。倘若你從樹枝最細的尖端開始，一路沿著路徑追溯到

起源的樹幹，你會發現，這就像我們先人越來越寬廣的族譜系統，最終將在**大地母親**之中，看見自己的根。

訊息

你過世的親友並不僅僅只是「離開」而已。你與家族血脈是相連的，就像橡樹最小的葉子也與它最深的根相連在一起。你的先人正呼喚著你，希望能為你的人生旅程中帶來指引並支持你。你應該聽取他們的建議、接受他們的引導，不論你在什麼情境下感應到他們的存在，那些都是他們試圖從來世傳遞給你的消息。這種經驗其實比你想像的更加普遍，通常，摯愛的親友過世之後，許多人都表示自己收到了來自對方的訊息，像是夢中的拜訪、強烈感受到對方在身旁的感覺、不斷聽見他生前最喜歡的歌曲，或是他最喜愛的動物突然出現在面前等等。

發生這些情況的時候，請暫停手邊的工作，留心你所看到、聽到、感受到的事物，就算在當下好像不太合理，也請相信自己所感知到的一切。認真思考你所接收到的訊息，看看它對你產生了哪些共鳴，並感謝先人將訊息傳遞給你。你甚至可以建立用來懷念對方的聖壇，擺上照片與屬於他們的物件，在你向他們祝禱、表示感謝的時候，定期點上蠟燭來紀念。

38
貓頭鷹
直覺 INTUITION

　　貓頭鷹遍布世界各地，許多貓頭鷹已經進化成夜行性動物。由於他們擁有絕佳的視覺與聽覺能力，再加上精巧的身體構造，貓頭鷹極度擅長在夜間狩獵。你不會看見或聽見貓頭鷹靠近，夜晚的掩護讓他們得以躲避掠食者並攻擊獵物，而且，由於身上羽毛的結構，貓頭鷹在飛行時幾乎是完全無聲。雖然眼睛不能移動，但貓頭鷹頭部的旋轉幅度可達二百七十度，幾秒內就能將視線從遠望聚焦到近物，讓自己得以快速、完全地專注在獵物身上。貓頭鷹是影子、欺騙、未知，甚至是死亡的象徵。

訊息

　　黑暗是培養直覺的溫床，而直覺則是那些會在意想不到的時間、以意想不到的方式，偷偷靠近你的一種具有意識的「暗示」。靈感與創意十足的點子一直默默地在孵育，現在，它們悄悄地穿越了將你的潛意識與意識分開的那道簾子。有時候，這些東西會以外在的徵兆出現在你面前，有時候，它們又會是那種「靈光一閃」的時刻，好像一直在黑暗中默默地跟隨著你。你可能會從視覺、聽覺或感知的方式接收到這些訊息，最終讓你獲得一種「知道」，這便是直覺的定義。

　　你正在學習更密切關注直覺出現的各種形式，同時，你也在學著去接受與信任這些靈感。對於接收引導這個方面來說，直覺已成為一種越來越重要的方式。目前，你的生命中有許多變化正在發生，在這些變化之中找到方向並不是那麼容易。與其用老方法來找出解決方案，不如持續建立自己對直覺的信任，並且在過程中，觀察那些疑慮的陰影如何更容易地被消除。

39
颶風
中心點 CENTERED

　　颶風（hurricane）是自然界中最強大、最具破壞力的力量。颶風一詞源於加勒比海地區的泰諾語 hurakán，意思是「風的靈魂」。颶風凶猛無情，對環境與生命財產造成龐大的破壞與損失，然而，颶風的存在亦有其生態意義。

　　颶風從赤道附近溫暖的海水中吸取水分，將雨水帶給需要降雨的地區，滋潤岸邊與水中的生命。從全球的角度來看，颶風出現的主要目的，便是平衡兩極與赤道之間的溫度。

　　颶風還有個重要的特徵：風暴中心的風眼。風眼內是平和、穩定的狀態，而周遭厚實的眼牆，則將猛烈的狂風暴雨阻隔在外。即使只是暫時的，這處風眼確實也提供了一個和平與寧靜的場域。

訊息

　　你已經歷了人生中充滿風暴的階段，藉由自身非凡的內在力量，通過了那些嚴峻的考驗。你承受的已經夠多了，現在是進入「風眼」的時刻，請好好沉浸在恢復自身所需的平靜之中。或許你仍感到緊張不安，所以，請給自己一些時間和空間，設下必要的界線來保護你的平靜。

　　經歷過風暴之後，你已發展出更強的生存技巧，並且大大地加深了對**靈**的信念、更能接收**靈**的引導。你持續校準自己與**靈的意志**，以保持穩定不偏移，這表示你已經準備好面對與處理任何朝你撲來的風暴。如果你忘記了這個事實，請到**大自然**中走一走，從中感受自然的提醒：不管**生命**帶給你哪些挑戰，你永遠能夠找到自己的中心點。

40

瀑布

堅持 PERSISTENCE

　　不論是小溪緩慢地從天然石階流下，還是浩瀚奔馳的大水最終流入海洋，瀑布都展現出岩石表面與自然水流之間的共同作用。親眼目睹壯麗的瀑布，不僅讓我們回想起大自然的鬼斧神工，更讓我們看見水與土元素結合時所產生的巨大力量。

　　雖然岩石與其他堅固的地表，提供了讓水流自然順流的各種通道，但是瀑布穩定而持續的沖刷，仍舊磨損了這些地表，雕刻出新的、多元的形狀。數千年來，瀑布的水流創造巨大的峽谷，讓人類對自然界的雄偉，充滿欣賞與敬畏之感。

訊息

　　你一直在缺乏耐心的狀態中掙扎，內心太著急而無法順利

執行那個你投入很多的項目，導致心情非常受挫。不要放棄！你現在需要的是堅持下去——不是去力求完美，而是讓自己堅持在這條路上。眼前似乎有阻礙你的東西，然而，請回想自己在過去穿越險阻的經驗，讓自己能夠繼續朝著目的前進。

　　你可以定期讓自己暫停一下，遠離正在做的事情；休息片刻，但不是永遠停下來。你所付出的努力，將會在出色地完成工作後獲得令人滿意的回饋。雖然階段性任務的完成，是整體工作過程中令人愉快且必須要有的停頓，但你還有更多事情等著你去做。喘口氣，相信自己永遠都能獲得完成這件事的靈感。告訴自己，這個階段的完成，都是為了幫整體工作的下一步進展，創造更大的空間。

41
蟬
聲音 VOICE

　　蟬是相當獨特且耐人尋味的昆蟲，約在兩億年前出現在地球上。依據物種的不同，蟬會在地底下蟄伏二到十七年不等，在那段時間，蟬並不是冬眠狀態，而是不斷地在地下挖掘與進食。在初夏的某個時間點，蟬會以蛹的形式進行大規模的遷徙，從地底出來爬上植物的莖或樹幹，然後蛻下蛹的外殼。從過去的身軀中解脫出來之後，蟬的翅膀便開始伸展，外皮變得堅硬，開始了他們短暫的成蟲生涯。公蟬會聚集在樹下集體合唱，用歌聲唱出他們的求偶之樂，與這個世界交流。蟬鳴叫的聲音聽起來像是唧唧、咯咯的聲音，甚至像是高頻的尖叫聲，如果你在附近，這聲響可能會像摩托車或汽車音響開到最大聲一樣響亮！聽見這熱情洋溢、充滿律動、美妙絕倫的蟬鳴，你

會因此停下腳步、陶醉其中，臉上浮起微笑，受到鼓勵、去擁有屬於自己獨特的聲音。

訊息

出於必要或是習慣，你長時間用沉默來表達自己，一直堅忍地維持安靜與克制。然而，你本能地知道，此刻你必須讓自己的聲音展現出來，在不感到羞愧、不責備和批判自己與他人的情況下，站出來說出自己真實的想法。與此同時，你亦會對於說出真心話之後的結果保持距離。當你邁向人生中的下個階段時，無疑會為此感到恐懼與憂慮，然而，對於你的靈魂旅程而言，誠實表達自己的想法與感受，是至關重要的過程。

說出自己的想法需要練習與勇氣，這也意味著你願意承擔表達自我的風險。唱歌是讓自己自信地表達自我的一種方式，你可以在淋浴的時候，唱著最喜歡的曲調，也可以參加歌唱課程，或只是突然間心血來潮便大聲高歌，不論周遭有沒有旁人！自信來自於冒險，用自己的聲音表達真實的自己，放下內心一切的自我批判。

42
蘋果樹
豐盛 ABUNDANCE

　　儘管蘋果在聖經故事中被誤認為禁忌之果，不過在大部分的古老神話中，蘋果樹被視為神聖之樹。自古以來，由於蘋果樹與愛神阿芙柔黛緹（Aphrodite）的關係，大家一直視其為「愛情之樹」。在另一個希臘神話中，大地之母蓋婭（Gaia）在女神之首希拉（Hera）嫁給宙斯（Zeus）的時候，也送給她一棵蘋果樹。

　　在凱爾特族（Celtic）的傳說中，蘋果樹被賦予了純潔、正直、美麗與慷慨的特性，它的樹枝、花朵、果實則被視為母性的象徵。

　　在代表悅納互惠與真正豐盛的永恆循環中，蘋果樹以滿滿的愛意將它的後代交給人類、動物、大地，深知許多種子終將

生成更多的蘋果樹。描述這種自然現象的另一種說法則是：不論是從物質還是靈性的角度，蘋果樹在給予愛的同時，也接收著愛。

訊息

很久以前，你就開始把豐盛和繁榮歸因於擁有大量的金錢與物質財產，然而，真正的豐盛跟金錢或財產並沒有什麼關係。然而，由於你的意識中早已內建一種「貧窮心態」，所以你相信自己不值得，或者沒有權利擁有豐盛的生活。

如果你想要體會豐盛，首先，你必須完全且始終如一地承認**靈**——而且只有**靈**——才是提供你物質、供給與支持的真正來源，並透過默念以下句子數次來加以確認：「我完全接受**靈**是、而且永遠都是我豐盛的真正**源頭**。」每說完一次，就暫停一下喘口氣，並留意自己當下的感覺。

盡量在生活中實踐互惠原則：用和諧的方式去實現施與受。首先，每天練習去給予你想要獲得的東西，如果你想要收穫金錢，那麼，請先將錢捐贈給慈善機構或有需要的人，並且不期待任何回報。練習不求回報地將你的愛給予他人。

藉由文字與行動，表達你對世間萬物的憐憫之心，從列出每天讓你心懷感激的事情開始。你可以寫下來、大聲說出來或是在心中默想。仔細聆聽你所接收到的指引，注意豐盛是如何從施與受兩個方向流淌出來。

43

鷹

視野 VISION

　　鷹的視力是人類的八倍，由於雙眼長在鳥喙的兩側，鷹擁有更廣闊的視野。不過，如果周遭有任何獵物的動靜，鷹也能立刻把注意力集中在一個焦點之上。這隻雄偉的猛禽還具有其他特別的屬性，如力量、領導力、勇氣、智慧、權力、自由等。不過，由於鷹具有非凡的視野與感知能力，使得視力成為他最重要的天賦。

　　鷹能同時看見廣闊的全景，並且在有需求時，對不必要的事物充耳不聞，專注在特定細節上。除此之外，由於鷹能飛到一萬英里以上的高度，許多美洲原住民文化都把鷹視為**造物主**的使者，因此，許多原住民的文化與傳統都相當尊崇這種鳥類，將鷹的羽毛視為神聖的象徵。

訊息

　　你被生活中太多的細節所困擾，不斷從一件事跳到另一件事，因而很容易分心。雖然你需要關注所有細節，但是這種瑣碎的慣性模式卻只製造出緊張與焦慮。擺在你眼前的眾多責任讓你不知所措，甚至產生受害的情緒，讓你看不清眼前最重要的事情是什麼。

　　暫時從工作中退出，後退一步觀察全局，暫停下來並進行幾次緩慢、深沉的呼吸，然後閉上雙眼，找出真正重要、具有核心意義的事情。將這些事情具體化，並找出最適合處理它們的方式。當你確定了真正重要的事情是什麼，用列清單或願景板的方式展現你的目標與目的，不管是哪一種，都可以幫助你獲得更廣闊的視野與專注力。

44
鑽石
光芒 RADIANCE

　　鑽石是地表最堅硬的礦石，約在十億到三十五億年前形成。碳是地球上所有生命的基礎，而鑽石則是碳的一種形式，在地殼深處達一百五十五英里（二百四十九公里），碳經由極度壓力與高溫轉換成鑽石。如此明亮美麗之物居然是從黑暗中顯現出來，真是展示了大自然美妙絕倫的魔法！數世紀以來，鑽石以其稀有、純淨、光彩的特質，深深擄獲了人們的心。傳統意義上來說，鑽石不只是權力、財富與地位的象徵，更代表著愛情、忠誠與純潔。

　　人們認為這顆寶石的光芒，能激發配戴者的想像力與獨創性，使其敞開心扉、迎接新的可能。同時，人們也相信鑽石有助於身體、情緒與靈性的療癒，藉由寶石本身強烈的光芒，鑽

石能夠淨化負能量的光暈，帶回愛與光。

訊息

你是否曾感到自己有時候非常地積極與正面，周遭的人甚至在你出現後都變得容光煥發？然而，你一直在否認或忽略自己能夠在這方面影響他人的能力。其實，不管發生什麼事或你的心情如何，你都能夠讓自己像鑽石一樣閃耀，慷慨地散發出愛與憐憫。你能夠面帶微笑地與別人進行眼神交流，不用擔心對方會有怎樣的回應。你現在應該就嘗試這麼做，並且藉由回想以前那些感覺很好、且能毫不費力地表達愛與光的經驗，來幫助自己散發光芒。記住，不要以任何方式批評自己的努力，對於自己的行為會如何影響他人這件事，也不抱任何期待。

為了激發內心的這些感覺，請把手放在心臟上方，想像自己握著一顆璀璨的鑽石，然後冥想片刻，注意這顆鑽石是如何將你內心的光放大十倍。接著，進行緩慢而深沉的呼吸，並且在這麼做的時候，關注自己當下的想法、感覺、身體的感受，並且把這樣的感覺帶給世界，與他人（人、動物、植物）分享，看看會發生什麼事！

繪者簡介

　　史考特‧布雷登塔爾（Scott Breidenthal）畢業於加州帕薩迪納（Pasadena）的藝術中心設計學院，經營設計工作室多年，是名優秀的藝術家與平面設計師。目前，史考特正在幫一些客戶進行數位拼貼。空閒的時候，他會騎馬與參與團隊套牛的活動，以下為他的個人 Instagram 社群帳號：@scottbreidenthal。

作者簡介

　　史蒂芬・法默博士是執業心理治療師、薩滿師，出版過眾多暢銷書與神諭牌卡，包括《靈性動物完全指南》（*Animal Spirit Guides*，一葦文思出版）、《動物靈口袋指南》（*Pocket Guide to Spirit Animals*）、《療癒遠古因緣》（*Healing Ancestral Karma*）、《大地魔法》（*Earth Magic*）、《大地魔法神諭卡》（*Earth Magic Oracle Cards*）、《給孩子的動物靈牌卡》（*Children's Spirit Animal Cards*），以上書名均為暫譯。

　　法默博士並透過 Zoom 進行個人的遠端諮詢服務。他擁有豐富的心裡治療、薩滿療癒與創傷修復的訓練及經驗，開設的私人輔導課程相當受歡迎，同時也是薩滿實踐協會（Society of Shamanic Practice）委員會的一員。更多資訊請參見：
官方網站 www.DrStevenFarmer.com
個人臉書 www.facebook.com/drstevenfarmer

自然神諭占卜卡
召喚自然靈的神聖能量，聆聽古老智慧的啟示與指引
Messages from the Spirits of Nature Oracle

作　者	史蒂芬·法默博士 (Dr. Steven D. Farmer)
繪　者	史考特·布雷登塔爾 (Scott Breidenthal)
譯　者	李曼瑋
選　書	春花媽

編輯團隊
封面設計　Zooey Cho
內頁構成　高巧怡
責任編輯　劉淑蘭
總 編 輯　陳慶祐

行銷團隊
行銷企劃　蕭浩仰、江紫涓
行銷統籌　駱漢琦
業務發行　邱紹溢
營運顧問　郭其彬

出　版　一葦文思／漫遊者文化事業股份有限公司
地　址　台北市松山區復興北路331號4樓
電　話　(02) 2715-2022
傳　真　(02) 2715-2021
服務信箱　service@azothbooks.com
網路書店　www.azothbooks.com
臉　書　www.facebook.com/azothbooks.read
營運統籌　大雁文化事業股份有限公司
地　址　台北市松山區復興北路333號11樓之4
劃撥帳號　50022001
戶　名　漫遊者文化事業股份有限公司
初版一刷　2023年8月
定　價　台幣1200元

ISBN　978-626-96942-5-9
有著作權·侵害必究
本書如有缺頁、破損、裝訂錯誤，請寄回本公司更換。

自然神諭占卜卡：召喚自然靈的神聖能量，聆聽古老智慧的啟示與指引/史蒂芬·法默博士 (Dr. Steven D. Farmer) 作. 史考特·布雷登塔爾 (Scott Breidenthal) 繪. 李曼瑋 譯.-- 初版.-- 臺北市：一葦文思, 漫遊者文化事業股份有限公司出版：大雁文化事業股份有限公司發行, 2023.08
112 面；12.5X17.5 公分
ISBN 978-626-96942-5-9 (精裝)
1.CST: 占卜 2.CST: 心靈療法
292.96　　　　　　　　　112011359

每本書是一葉方舟，度人去抵彼岸
www.facebook.com/GateBooks.TW
一葦文思　GATE BOOKS
一葦文思

漫遊，一種新的路上觀察學
www.azothbooks.com
漫遊者文化

大人的素養課，通往自由學習之路
www.ontheroad.today
遍路文化·線上課程